# 한 권으로 끝내는
# 블렌디드 학습 설계

# 한 권으로 끝내는 블렌디드 학습 설계

학생 중심의 학습 경험을 설계하는 실용적 안내서

미셸 이턴 지음 │ 장은주 · 김다솜 옮김 │ 정현선 감수

사회평론아카데미

# 한 권으로 끝내는 블렌디드 학습 설계

학생 중심의 학습 경험을 설계하는 실용적 안내서

2023년 9월 22일 초판 1쇄 찍음
2023년 10월 13일 초판 1쇄 펴냄

지은이 미셸 이턴
옮긴이 장은주·김다솜
감수 정현선

편집 이소영·김혜림·조유리
교정 함소연
디자인 아바 프레이즈
마케팅 김현주

펴낸이 권현준
펴낸곳 ㈜사회평론아카데미
등록번호 2013-000247(2013년 8월 23일)
전화 02-326-1545
팩스 02-326-1626
주소 03978 서울특별시 마포구 월드컵북로6길 56
이메일 academy@sapyoung.com

ISBN 979-11-6707-129-3 93370

# 옮긴이 서문

책은 필자와 독자가 소통하게 하는 매개물입니다. 저는 특히 이 책을 우리말로 옮기면서 저자 미셸 이턴과 직접 대화하는 느낌이 들었습니다. 교사라면 누구나 공감할 만한 내용들이 저자의 생생한 목소리가 담긴 문장으로 표현되었기 때문입니다. 학생이 무엇을 배웠는지보다 수업 자료가 얼마나 깔끔한지에 더 집중했었다는 고백, 디지털 공간에서 수업 경험을 공유하자는 제안, 학교 공간을 꾸미기 위해 관리자를 비롯한 학교 구성원의 협력을 끌어내야 한다는 조언 등은 교직 생활을 하면서 저 또한 종종 느끼기도 했고 직접 들었던 말들이기도 합니다.

저자는 초등학교 교사로서 자신의 경험을 솔직하게 풀어내면서 어떤 시행착오를 거쳤고, 어떻게 문제를 해결해 나갔는지 생생하게 설명합니다. 저자는 자신의 수업 경험을 소개하는 것에 그치지 않고 그 경험을 학술적 논의와 연결 지어 설명합니다. 또 각 수업 활동과 관련하여 다양한 전문가들을 소개합니다. 수업의 변화를 위해서는 이렇게 여러 교사의 경험담과 미시적인 조언이 필요합니다.

특히 이 책은 파워포인트 자료를 제작할 때 가독성을 높이기 위해 고려할 점을 비롯해서 게임, 협업 도구 등을 활용하는 방안 등 수업에 바로 적용할 수 있는 구체적인 방법들도 제시합니다. 또한 곳곳에 있는 QR코드를 이용하면 학습지, 체크리스트, 설명 영상 등을 직접 볼 수 있습니다.

전자 칠판이 설치된 교실에서 학생들이 태블릿이나 스마트폰으로 다양한 자료를 탐색하고 협업하는 모습은 이제 낯선 풍경이 아닙니다. 교육청, 학교, 교사 모임, 교육 업체 등에서도 생성형 인공지능을 포함한 디지털 도구를 교육에 적용하는 사례에 대해 계속 알리고 있습니다. 디지털 도구가 학생들의 참여를 이끌어 내고 주도성을 기르는 데 유용하다는 점은 누구나 공감합니다. 하지만 그것을 어떻게, 얼마나 적용할 것인가는 학교의 물리적 여건, 교사와 학생의 역량, 학부모의 인식 등 여러 맥락에 따라 달라질 수밖에 없습니다.

각 장의 도입부에는 국제교육기술협회ISTE의 교육자 대상 성취기준 중 관련된 내용이 제시되어 있습니다. 국제교육기술협회의 성취기준은 교육학을 토대로, 도구를 얼마나 잘 사용하느냐보다 모든 학생을 위해 어떻게 하면 효과적이고 지속 가능하며 확장 가능한 학습 경험을 만들 수 있을지에 초점을 맞추어 교육자가 갖추어야 할 역량을 제시하고 있습니다.

이 책이 여러 선생님의 수업에 실질적인 도움이 될 수 있으리라 기대합니다. 이 책을 바탕으로 현직 교사와 교직을 꿈꾸는 많은 예비 교사가 자신만의 빛깔 있는 수업을 만들어 가기를 기대해 봅니다.

2023년 9월
장은주

# 서문

이 책이 출판된 지금까지도 우리는 여전히 팬데믹 한가운데에 있습니다. 교육 관계자들은 집에 머물고 있는 학생들을 가르치기 위해 혁신적인 교육 방법을 찾아내야 했지요. 집에만 머물러야 한다는 것은 모두에게 어려운 일이지만, 각자 다른 요구를 가진 학생들을 교실이 아닌 곳에서 가르쳐야 하는 교사들에게는 특히나 어려운 일이 아닐 수 없었습니다.

교사들은 변화를 만들고 싶어 합니다. 우리 대부분의 교사들은 바로 그걸 원했기에 이 직업을 택했지요. 이렇게 변화하는 세상을 마주하며 우리는 교육의 가장 중요한 가치가 무엇인지 생각하게 되는데, 그것은 바로 관계를 촉진하는 것입니다. 교사와 학생 사이에 신뢰와 존중이 싹터야 올바른 배움의 문화가 자리 잡을 수 있습니다. 유능한 교사는 학생 스스로 학습을 설계할 수 있도록 돕고, 새로운 기술을 습득하는 데 자신감을 불어넣어 주며, 노력하여 성취하는 기쁨을 깨닫게 합니다.

이러한 개인화 학습 방법은 학습자인 학생에게 초점을 맞춰 학생 주도성을 강화함으로써, 학생 스스로 배우면서 선택하고 자신의 목소리를 낼 수 있게 합니다. 교사들은 사전에 준비된 선택 목록 안에서 학생들에게 충분한 선택권을 주었다고 생각하는 경우가 많은데, 이런 식으로 선택권을 주는 것은 결국 교사가 대부분의 학습을 준비하고 계획하는 것이나 다름없습니다. 미셸 이턴은 학생 주도성을 염두에 두고, 학생들이 평가 과정에서 자신이 배운 것을 증명하는 수단을 고를 수 있도록 기회를 부여하는 등 충분한 선택권을 줍니다. 학생들이 직접 결정을 내리도록 하여 학생 스스로 학습을 주도할 수 있게 함으로써 선택의 기회를 늘리는 것입니다.

그러나 학생 주도성을 제대로 실현하기 위해서는 선택권을 주는 것만으로는 충분하지 않습니다. 학생은 수업에서 실제 발언권을 가져야 합니다. 학생은 집에서 온라인 학습을 하며 시간과 장소에 대한 주도권을 가지고 자신의 속도에 맞추어 개별화된 학습을 함으로써 융통성을 키울 수 있습니다.

미셸 이턴은 블렌디드 학습을 "전통적인 수업과 온라인 학습의 혼합"이라고 정의합니다. 비대면 활동이 강조되는 상황 속에서 교사들은 줌, 스카이프, 마이크로소프트 미팅, 구글 미트 등 협업 도구를 사용하는 일에 더 많은 창의력을 발휘하고 있습니다. 이를 통해 학생들은 집에서 스스로 학습하기도 하고 교사들과 파트너로서 학습하기도 하는데, 학생들은 자신의 학습 과정을 돌아보고, 학습 분석표를 만들고 점검하면서 자신의 모습을 성찰합니다. 교사는 학생들의 발언권과 선택권을 강화하기 위해 체크리스트, 플레이리스트, 선택판, 형성평가로 이루어진 플렉스 모형Flex Model을 사용합니다. 화상회의는 전통적인 교실보다 학생 개개인을 더 세심히 살피고 학생들의 목소리에 귀를 기울일 수 있는 환경을 조성합니다. 교사인 여러분들은 농담을 하거나 게임을 하고, 교사와 학생, 학생과 학생 간의 창조적인 상호 활동을 만들어 내면서, 온라인으로 관계를 형성하는 데 더 많은 시간을 쏟는 자신의 모습을 발견할 것입니다.

학생들은 학습 과정에 더 깊이 관여하는 부모와 함께 편안한 집에 머물기 때문에 교사와 학부모 간의 관계는 더욱 돈독해질 수 있습니다. 화상회의, 메일, 전화로 학부모와 직접 대화할 수도 있습니다. 처음 학생들과 화상으로 만날 때는 실수도 하겠지만, 괜찮습니다. 모두가 서로를 돌보는 학습 문화를 조성할 수 있다면 온라인 학습 환경은 취약한 부분을 강화하고 사회 정서적인 학습을 지원한다는 사실을 깨닫게 될 것입니다.

《한 권으로 끝내는 블렌디드 학습 설계》는 현직 교사나 예비 교사가 블렌디드 학습 교육자로 성장하기 위한 청사진을 제공하는 한편 교사가 학생 중심 학습, 데이터 기반 의사 결정, 개별화된 지도를 강조하는 교실을 재구성하는 데 디지털 기술이 어떻게 도움이 되는지에 관한 아이디어를 제시합니다. 또한 주도성, 발언권, 선택권, 유연한 접근법 및 접근성, 그리고 디지털 도구 사용에 관한 이론들의 완벽한 조합을 제공합니다. 학생들이 집에서 학습하면서 방법, 속도, 시간, 장소에 대한 주도권을 더 많이 가질 때, 여러분은 새로운 내용을 새로운 방식으로, 더 주도적으로 설계하는 자신을 발견할 것입니다. 여러분이 스스로를 학생과 학부모의 학습 파트너로 재규정한다면, 각 장마다 소개된 활동, 이야기, 자료의 가치를 만끽하게 될 것입니다. 이 책이 교육자로서 여러분이 블렌디드 학습을 해야만 하는 이유를 발견하게 되는 계기가 된다면 좋겠습니다.

바버라 브레이Barbara Bray
창의적 학습 전략가이자 팟캐스트 호스트,
《당신의 이유를 정의하라Define Your Why》의 저자

# 개관

디지털 기술을 활용해서 교실 수업을 개선하고 싶으신가요? 어디서부터 시작해야 할지 모르겠다고요? 다양한 강점과 욕구를 가진 각기 다른 학생 집단의 필요를 충족시킬 수 있는 방법을 찾고 있나요? 블렌디드 학습이 그 해답을 제공할 것입니다. 《한 권으로 끝내는 블렌디드 학습 설계: 학생 중심의 학습 경험을 설계하는 실용적 안내서》는 학생 개개인에게 개별화·개인화된 수업을 제공하기 위해 디지털 기술을 사용하여 수업을 재설계하는 데 도움을 줄 수 있습니다. 기술을 사용하기 위해 기술을 배우는 것이 아니라 교실에서 배움이 일어나는 방식을 변화시키기 위해 디지털 기술을 사용해 보세요.

## 이 책의 구성

대면 지도와 온라인 학습이 결합된 형태라면, 어떤 것이든 '블렌디드 학습'이라고 부를 수 있습니다. 대면 지도와 온라인 학습을 다루는 이 책은 2부로 나뉩니다.

1부 '물리적 교실'에서는 블렌디드 학습 경험에 영향을 미치는 전통적인 교실 요소를 탐구합니다. 여러분은 학생 주도성의 역할을 적용하고 반영할 수 있는 블렌디드 학습 모형과 구조에 대해 익히고 수업을 위한 자료 수집 계획도 세울 수 있을 것입니다. 또한 학생 중심의 블렌디드 학습이 일어날 수 있도록 능동적인 학습이 이루어지는 공간 설계 전략을 논의하고, 그러한 현대적인 학습 환경이 조성된 교실을 운영하는 전략에 대해서도 이야기할 것입니다.

블렌디드 학습이 효과적이려면 무엇보다 온라인 수업의 수준이 높아야 합니다. 2부 '디지털 교실'에서는 수준 높은 온라인 학습을 구성하는 요소를 살펴봅니다. 먼저 온라인 학습과 전통적인 수업의 차이를 짚은 후, 전반적인 온라인 환경을 조성하는 데 도움을 줄 디지털 수업 전략을 소개할 것입니다. 학생들에게 전달하는 디지털 콘텐츠의 수준을 높이는 방법과 대다수 학생들의 필요를 충족시킬 수 있도록 공평하고 접근 가능한 디지털 학습 기회를 만들어 내는 방법을 배울 수 있습니다.

이 책은 여러분이 블렌디드 학습에 좀 더 쉽게 접근할 수 있도록 각 장마다 다양한 요소를 배치했습니다. 먼저 '이 장의 목표'를 제시하여 각 장을 어떻게 읽으면 좋을지 안내하고, 각 장의 도입 부분에서는 그 장에서 다루는 내용과 연관된 국제교육기술협회ISTE 성취기준을 제시했습니다. 본문에 있는 QR코드와 링크를 따라가면 추가 자료와 다양한 양식을 볼 수 있습니다. 장 말미에는 내용을 요약해서 제시했고, '더 생각해 보기'를 통해 각자 생각을 발전시키거나 연구용으로 활용할 수 있게 준비했습니다.


## 누구를 위한 책인가


이 책은 교실에 변화를 일으키고 싶은 교사를 위한 책입니다. 블렌디드 수업이 훌륭하게 이루어지는 학교, 그리고 적절하게 구성된 블렌디드 프로그램은 기존의 수업을 획기적으로 변화시키지만, 그런 모형만이 전부는 아닙니다. 블렌디드 수업이 이루어지는 학교에서 일하게 될 때까지 기다릴 필요는 없습니다. 당장 내일이라도 수업을 개별화·개인화할 수 있습니다. 어떤 학교, 어떤 상황에서 수업을 하든, 이 책은 여러분이 학생들을 위한 블렌디드 학습을 도입하는 데 도움을 줄 것입니다. 기존의 교육 방법이 만족스럽지 않다면,《한 권으로 끝내는 블렌디드 학습 설계》는 교육 방법의 전환을 위해 더할 나위 없이 좋은 자료가 될 것입니다.

이 책을 읽고 성찰하면서, 트위터, 인스타그램 등 소셜 미디어에서 해시태그 #PerfectBlendBook을 사용하여 서로 소통하면 좋겠습니다. 여러분의 생각, 질문, 아이디어, 선호하는 자료를 함께 공유하기 바랍니다.

행복한 어울림을 위해,

미셸(@micheeaton)

# 차례

## 1부

# 물리적 교실

## 01 교실에 도입할 블렌디드 학습 이해하기

**이 장의 목표**

- 블렌디드 학습은 무엇이며, 블렌디드 학습이 전통적인 수업에 어떤 영향을 미치는지 이해한다.
- 차별화와 개인화의 차이를 이해하고, 이러한 종류의 학습 경험을 촉진하는 블렌디드 학습의 역할을 이해한다.
- 블렌디드 학습의 유연성을 받아들이고, 스스로를 현대적인 교실의 학습 설계자로 바라본다.
- 블렌디드 학습을 교실에 도입하기 위해 이론 및 연구에 기반을 둔 원리를 이해한다.

## 블렌디드 학습이란?

블렌디드 학습이라는 말을 들으면 대부분의 사람들은 아마도 '하나 이상의 학습 방법이 섞인 무언가'라고 생각할 것이다. 그렇다면 정확히 무엇이 섞인 것일까? 간단히 말하자면, 얼굴을 마주 보고 이루어지는 전통적인 수업과 온라인 학습이 결합된 형태라면 무엇이든 블렌디드 학습이라고 부를 수 있다. 하지만 여기서 말하는 온라인 학습이란 단순히 디지털 기술이 결합된 수업만을 가리키는 것이 아니다. 예를 들어, 구글 독스나 마이크로소프트 원노트와 같은 협업 도구를 사용하고, 전 세계의 학생들과 화상회의를 하고, 학습에 도움이 되는 온라인 게임을 소개하는 것 모두 현대적인 수업에 디지털 기술을 통합하는 훌륭한 사례지만, 그것이 전부는 아니다. 이 책의 목표에 따르면, 블렌디드 수업에서 활용하는 온라인 학습은 학생들에게 학습의 일환으로 제공되는 디지털 콘텐츠, 수업, 그리고 평가를 의미한다.

## 블렌디드 수업을 만드는 여러 가지 방법

정의가 너무 모호하지 않은가? 블렌디드 학습의 놀라운 점이 바로 이러한 유연성이다. 블렌디드 학습은 각각의 교실, 학교, 학생들에 따라 다른 모습으로 보일 수 있다. 나는 블렌디드 학습을 스펙트럼으로 바라보기를 좋아한다(그림 1.1). 스펙트럼 한쪽 끝에는 온전히 대면으로 이루어지는 전통적인 수업이 있고,

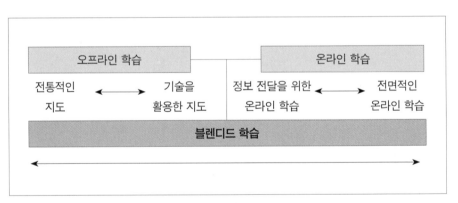

[그림 1.1] 블렌디드 학습은 스펙트럼에서 일어난다. 온라인 학습과 전통적인 수업이 결합했다면 어떤 형태든 블렌디드 학습이다. 온라인 학습을 많이 활용하고 의존도가 높은 수업이 있는가 하면, 온라인상에서 그저 설명하는 데 그치는 수업도 있다.

반대쪽 끝에는 원거리 학습이 가능한 온라인 수업이 있다. 스펙트럼 위에서 전통적인 수업과 온라인 수업이 어떤 방식으로 결합되든 모두 블렌디드 학습이라고 부른다.

　이 스펙트럼 위에 있는 것은 모두 공식적으로 정의된 블렌디드 학습 모형으로(그림 1.2), 온라인 학습을 적게 사용하는 모형부터 폭넓게 사용하는 모형까지 전 범위에 걸쳐 있다. 여기 제시된 모형들은 클레이턴 크리스텐센 협회Clayton Christensen Institute가 규정한 것이다.

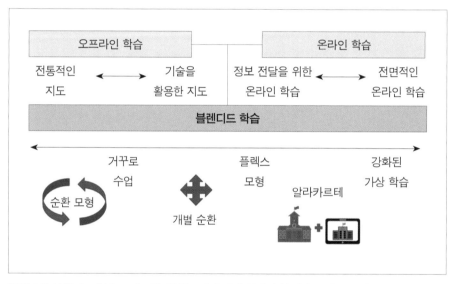

[**그림 1.2**] 블렌디드 학습 스펙트럼 위에는 여러 가지 형태의 블렌디드 학습 모형이 있다.

## 블렌디드 학습 모형Models of Blended Learning

클레이턴 크리스텐센 협회는 블렌디드 학습과 개인화 학습에 대한 연구를 이끄는 대표적인 비영리단체로, 현대적인 교실에서 맞닥뜨리는 문제들을 해결하는 데 필요한 도구와 전략에 초점을 맞춘다. 전국적으로 실행되는 다양한 방식의 블렌디드 학습을 연구한 결과, 클레이턴 크리스텐센 협회는 대부분의 블렌디드 교실이 7가지 모형 중 하나에 해당한다고 보았다(Horn & Staker, 2014). 모형 각각에 대한 기본적인 내용을 이해하고 수업에 응용하는 다양한 방법을 아는 것도 중요하지만, 특정한 모형을 똑같이 따라 하는 일에 얽매이지는 않기 바란다. 블렌디드 학습의 유연성을 수용하고, 여기에서 설명한 모형 가운데 필요한 부분을 골라 자신의 아이디어와 결합하여 학생들에게 맞는 **완벽한 블렌디드 학습** perfect blend을 자유롭게 만들어 보자.

### 스테이션 순환

스테이션 순환 모형은 초등학교 교사들에게 친숙한 모형이다. 이 모형은 교사가 스테이션을 설정하여, 수업 중에 학생들이 모둠별로 스테이션 사이를 옮겨 다니게 한다. 각 스테이션에서 어느 모둠이 얼마나 오래 머무를지는 교사가 결정한다. 학생들이 옮겨 다니는 스테이션의 수는 상황에 따라 달라질 수 있으며, 적어도 한 스테이션은 교사가 모둠을 지도하는 데 배정한다. 스테이션 중 하나에는 온라인 학습을 도입할 수 있다. 학생들은 스테이션에 머무르며 짝 활동, 조별 활동, 프로젝트 및 다른 오프라인 활동을 할 수 있다.

### 랩 순환

랩 순환 모형은 전통적인 교실 수업을 실습실에서 이루어지는 온라인 수업과 결합한 것이다. 학생들은 교사가 짠 시간표에 따라 움직인다. 시간표에 있는 장소 중 적어도 한 곳은 컴퓨터실(랩)로, 여기서 학생들은 온라인 학습을 진행한다. 랩 순환 모형에서는 대부분 보조 강사가 컴퓨터실에서의 학습을 지원하고, 전문 강사가 다른 교실에서 지도한다.
학생들은 교실에서 교실로 이동하며 대면 지도를 받고 컴퓨터실에서 온라인 수업을 받는다. 이 모형은 스테이션 순환 모형과 유사하나, 학습이 이루어지는 물리적 장소가 달라진다는 점에서 두드러진 차이를 보인다.

### 개별 순환

개별 순환 모형은 스테이션 순환 모형과 유사하게 스테이션을 설정하고 스테이션 중 하나는 온라인 학습에 배정한다. 하지만 이 모형에서는 학생들이 모둠별로 이동하지 않는다. 학생들은 각자 개별 시간표를 받고 자신의 시간표에 따라 다른 스테이션으로 이동하지만, 모든 스테이션에 갈 필요는 없다. 이러한 방식은 학생들에게 높은 수준의 개인화 학습 경험을 제공한다. 디지털 기술을 사용해서 자동으로 시간표를 짤 수 없다면, 교사가 개입해 계획을 짜는 데 도움을 주어야 한다.
이 모형의 가장 큰 장점 중 하나는 학생의 구체적인 필요에 따라 맞춤형 수업이 가능하다는 것이다. 앞의 모형들과 달리, 학생들은 수업마다 똑같은 형태로 학습할 필요가 없다. 학생들은 적절한 때에 필요한 수업을 받을 수 있다(Reading Horizons, 2019).

### 거꾸로 수업

거꾸로 수업 모형은 기존의 전통적인 교실에서 처음으로 널리 알려진 블렌디드 학습 형태 중 하나인 '거꾸로 학습'에 기반을 두고 있다. 거꾸로 학습의 기본 전제는 온라인으로는 가정학습이나 숙제를 하고, 교실에서는 교사가 학생이 배운 것을 적용하도록 도울 수 있는 여유 시간을 확보하는 것이다. 거꾸로 수업에서 온라인 학습은 학생들이 집에서 보는 화상 강의처럼 간단할 수도 있고, 더 정교하게 설계될 수도 있다.

온라인 학습은 교사가 교실에서 지도하는 시간을 가장 효과적으로 활용할 수 있는 방법으로 사용된다. 전통적인 수업에서 숙제는 학생이 학교에서 배운 내용을 익힐 시간을 주는 데 그 목적이 있다. 그런데 학교에서 배운 내용을 충분히 이해하지 못한 학생이 집에서 혼자 숙제를 할 경우 잘못된 방식을 고쳐 줄 선생님이 없어서 제대로 된 학습을 할 수 없다는 문제가 생긴다.

거꾸로 수업 모형에서 교사는 수업의 내용을 설명하는 데 수업 시간을 할애하지 않는다. 대신 기본적인 수업 내용을 온라인으로 옮겨서, 학생이 집에서 학습할 수 있도록 한 뒤 온라인 학습 다음에 이어지는 교실 수업에서 학생들이 배운 것을 적용하도록 도움으로써 과제의 딜레마를 극복한다.

## 플렉스

블렌디드 학습에서 플렉스 모형은 개별 순환 모형과 매우 유사하지만 두 가지 큰 차이가 있다. 즉 플렉스 모형에서는 온라인 학습이 더 큰 비중을 차지하며, 교사의 역할도 달라진다. 교사는 수업 대부분을 온라인으로 진행하고, 오프라인으로 지원을 하는데, 클레이턴 크리스텐센 협회에 따르면, "플렉스 모형은 학생들이 각자의 필요에 따라 여러 학습 활동 사이를 유동적인 시간표에 따라 움직일 수 있게 한다."(Clayton Christensen Institute, 2019) 그리고 학생들은 이러한 환경에서 더 많은 주도권을 가질 수 있다. 플렉스 모형을 사용하는 교실은 대체로 전통적인 교실 공간보다는 동네 커피숍에 가까운 모습을 보인다. 이 모형의 특징은 학생이 자유롭게 이동하고 자리를 선택할 수 있어 학생의 좌석이 유연한 형태라는 점이다.

## 알라카르테A La Carte

알라카르테 모형은 온라인 학습을 좀 더 특별하게 적용한다. 동일한 교육과정 내에서 전통적인 수업과 온라인 수업을 통합하는 것이 아니라 학생의 시간표를 혼합하는 것이다. 어떤 수업은 온라인으로, 어떤 수업은 대면으로 진행해 시간과 예산을 효율적으로 분배하고 학생들의 선택권도 존중하는 방식이다.

## 강화된 가상 학습

강화된 가상 학습 모형은 온라인 학습을 주된 수업 방식으로 사용한다. 이 지도 방법은 학생들이 전통적인 학교 공간 밖에서 대부분의 학습을 완료할 수 있게 한다. 이 모형 역시 온전한 온라인 학습이 아닌 블렌디드 학습 모형이므로, 학생들은 특정한 시기에 대면 수업에 출석해야 한다. 온라인 학습이 주된 학습 방식이고, 실제 학교 건물 내에서 대면으로 이루어지는 수업이 온라인 학습을 보충한다.

일반적으로 프로그램 또는 수업을 [그림 1.1] 블렌디드 학습 스펙트럼의 오른편에 위치한 모형과 같이 온라인 학습이 큰 비중을 차지하게 만들면, 대안적인 교육이 필요한 학생들에게 혁신적인 해결책이 될 수 있다. 전 세계의 교육청과 학교에서는 목표를 달성할 수 있는 다양한 경로를 확보하려고 여러 학습 기회를 고안하는데, 이는 특히 전통적인 수업 환경에서 학업을 포기하는 학생들을 위한 것이다. 이런 상황에서 온라인 학습은 학생들에게 최대한의 유연성을 제공하며, 학습자가 자신의 속도에 맞게 학습을 수행하고 학교 공간 밖에서도 교사가 학생의 속도에 맞추어 지도할 수 있도록 전략적으로 사용된다.

블렌디드 학습은 성과를 내야 하는 수업이나 전통적인 수업 방식이 잘 맞는 학생들에게도 적용할 수 있다. 다만 이런 환경에서는 스펙트럼 왼편에 위치한 블렌디드 학습 모형을 사용하는 것이 좋다. 온라인 지도와 평가를 결합하는 것은 수업 시간에 학습을 강화하고 극대화할 수 있는 여러 수단 중 하나이다. 전통적인 교실에서는 학생들이 각자의 속도에 맞게 모든 학습을 온라인으로 진행하는 것이 반드시 필요한 전략도 아니고, 교사를 효과적으로 활용하는 방법도 아니다. 다행히 대부분의 일반적인 교실에서 통하는 블렌디드 학습 형태는 학교나 교육청의 체계가 어떠하든, 규정된 교육과정과 성취기준이 무엇이든 상관없이 수업에서 활용할 수 있다.

## 블렌디드 수업 설계하기

클레이턴 크리스텐센 협회에서 규정한 7개의 특정한 모형 외에도, 대부분의 교실에서는 더 융통성 있게 창의성을 발휘할 수 있다. 한 해 또는 하루만에도 한 모형을 사용했다가 다른 모형으로 넘어갈 수 있다. 어쩌면 여러분은 여러 유형의 블렌디드 학습을 섞어 기존에 없던 새로운 형태를 만들어 낼지도 모른다. 그래도 괜찮다! 다른 어딘가에서 잘 작동하는 블렌디드 학습 모형을 그대로 따라 하는 것이 모형을 적용하는 목적이 되어서는 안 된다. 모든 것은 교사가 가르치는 방식, 현재 속한 학교나 교육청 또는 지역에 따른 제약, 과목이나 단원, 맡은 학생들의 특성에 달려 있다. 어떤 교실에서 매우 성공적인 해결책이 다른 교실의 교사와 학생들에게도 반드시 성공적일 거라는 보장은 없다.

블렌디드 수업을 설계할 때는 디지털 기술이 전부가 아니라는 점도 염두에 두어야 한다. 소프트웨어, 온라인 수업, 기기들은 그 자체로 학습을 개선하지 못한다. 교사의 수준은 여전히 모든 수업에서 가장 중요한 변인이다. 디지털 기술은 그저 학

아넷의 기사

생 중심의 학습, 데이터에 기초한 의사 결정, 개별화된 지도를 강조하는 방향으로 수업을 재구조화하는 것을 도울 뿐이고, 이것을 실제로 구현하는 것은 유능한 교사의 몫이다. 토머스 아넷Thomas Arnett은 "블렌디드 학습의 숨겨진 요소The Secret Element in Blended Learning"(bit.ly/secretelement)라는 글에서 이와 같은 내용을 다루었다(Arnett, 2018). 특히 아넷은 가상 학습에서 각각의 교육적 수행이 학업 성과에 결과적으로 얼마나 큰 영향을 미치는지를 비교한 존 해티John Hattie의 연구를 인용하며, "블렌디드 학습에 관련된 수행에 초점을 맞추어 살펴보면 디지털 기술이 교실에 긍정적인 영향을 주기는 하지만 수업 방법을 바꿀 때 효과는 가장 크게 나타난다"고 말한다. 즉 디지털 기술은 교실 수업을 긍정적으로 바꿀 수 있는 하나의 도구인 것이다.

이 책을 통해 기존의 블렌디드 학습 모형을 완벽히 실행할 수 있는 비결을 알게 되지는 않더라도, 이 책을 읽는 교사는 분명 자신만의 블렌디드 수업을 마련하기 위한 지침을 얻게 될 것이다. 이 책을 통해 블렌디드 학습을 구성하는 다양한 요소 즉, 교사, 학생, 가르칠 내용, 그리고 그에 걸맞은 특성을 검토할 수 있을 것이다. 자신에게 가장 알맞은 블렌디드 학습의 구성 요소를 찾아내기 위해서는 시도하고, 실수하고, 수정하는 과정을 거쳐야 한다. 완벽한 블렌디드 수업을 향한 나의 여정은 그리 순탄하지 않았지만, 나의 경험이 여러분의 여정을 더수월하게 만드는 데 도움이 되기를 바란다.

# 나의 수업 이야기

믿기 어려울지 몰라도 나 역시 처음부터 디지털 기술에 능숙한 교사는 아니었다. 일상생활에서 디지털 기기를 사용할 일은 많았지만, 초임 시절 나는 꽤나 전통적인 방식으로 수업을 하는 초등학교 2학년 담당 교사였다. 다른 초등학교 교사들처럼 나도 읽기 수업을 할 때면 아이들을 모둠으로 구성하여 지도했다. 이런 방법이 읽기와 쓰기 능력을 기르는 데 필수라는 생각이 강했다. 모둠 하나를 데리고 수업하는 동안 나머지 아이들이 조용히 학습할 수 있게 열심히 개별 활동도 준비했다. 종이를 예쁘게 코팅해서 스테이션을 꾸미고 파일에 끼우는 게임 활동지도 만들었다. 아이들은 독후 활동을 기록하는 개인 일지를 갖고 다니면서, 각자 읽거나 짝과 함께 읽은 뒤 제시문에 대한 답을 일지에 적어야 했다.

## 의도는 좋았으나 배움이 일어나지 않았던 교실

작은 강낭콩 모양의 책상에서 모둠별로 읽기를 지도하는 건 만족스러웠지만, 읽기 수업 시간에 이루어지는 개별 활동은 이내 불만족스러웠다. 인정하기 부끄럽지만 그런 환경에서 내가 성취 여부를 판별하는 기준은 아이들의 배움 정도가 아닌 순응이었다. 아이들은 조용히 과제를 수행했고, 활동에 집중하고 있는 것처럼 보였다. 문제는 여기에서 '배움이 일어나고 있다'는 기분이 좀처럼 들지 않았다는 것이다. 좋게 말해 봤자 연습이었다. 그러다가 과제 수행 과정에서 내가 알아채지 못한 사이에 아이들이 기능을 잘못 익히는 일까지 생겼다. 나는 교실이 얼마나 조용한지, 아이들이 과제에 얼마나 집중하는지, 더 솔직히 말하자면 내가 예쁘게 꾸민 활동들이 '얼마나 보기 좋은지'에 따라 성취도를 측정하고 있었다. 이것은 학습자들을 위한 것이 아니었다. 나는 어느 모둠의 대여섯 명이 아닌, 교실에 있는 아이들 모두를 지도하고 싶었다.

초임 시절의 실수를 설명하기 위해, 독후 활동 일지에 대해 이야기하려 한다. 첫 학기에는 학생들의 일지로 가득 찬 상자를 거의 매일 집으로 들고 갔다. 검토한 내용을 일일이 손으로 적어서 돌려주고 싶었던 것이다. 솔직히 말하자면 그런 선생님으로 보이고 싶었다. 실제로는 교사로서 내가 신경 써야 할 일이 수백만 가지쯤 되었기 때문에 일지는 저녁 시간에 해야 할 일의 우선순위에서 점점 밀려났다. 한 해가 흘러가는 동안 상황은 더 나빠졌다. 일지가 담긴 상자를 집으로 가져가는 횟수는 점점 줄어들었고 그 결과는 여러 가지 형태로 나타났다. 시간이 흐를수록 아이들은 읽기와 쓰기에 점점 능숙해졌지만, 아이들이 독서록을 작성하는 수준은 꾸준히 낮아졌다. 아이들은 내가 자신이 쓴 글을 읽는 유일한 사람이며 그 일조차 자주 일어나지 않는다는 사실을 정말 빨리도 알아차렸다. 자신들의 글이 아무에게도 의미 있게 읽히지 않는다는 걸 알게 된 아이들은 딱 그만큼만 노력했다. 내가 교실에서 보았던 순응은 가짜 참여였다. 아이들은 더 나은 교육을 받아야 했다. 나는 뭔가 다른 걸 하고 싶었다.

## 독자 확장의 놀라운 효과

먼저 아이들이 사용할 디지털 기기 몇 대를 교실로 들여왔다. 그리고 독후 활동이 이루어지는 환경을 디지털 토의 게시판으로 바꾸었다. 기기를 이용하여 독후 활동을 작성할 수 있도록 디지털 환경에서 활동을 공유하고 건설적인 피드백을 남기는 방법에 대한 미니 레슨도 했다. 아이들은 친구들의 글에 "잘 쓴 것 같다"라고 쓰는 수준에서 벗어나 도움이 될 만한 의견을 남기는 법을 배웠다. 그러자 놀라운 일이 벌어졌다.

활동 장소를 디지털 공간으로 옮겼을 뿐인데, 2학년 학생들의 글쓰기 수준이 수직 상승했다. 나는 아이들에게 독자를 만들어 준 셈이었다. 그 독자는 많지도 않고 특별히 새롭지도 않았지만 내 글을 읽어 줄 대상이었고, 내가 쓴 글에 상호작용해 줄 동료였다. 아이들로서는 갑자기 자신의 글이 다시 쓰일 데가 생긴 것이다. 아이들은 서로에게 책임감을 갖게 되었고, 친구에게 도움이 될 만한 의견을 주는 법을 배우게 되었다. 게다가 아이들의 글을 읽고 의견을 주는 일이 더 이상 나만의 책임이 아니게 되었다.

이 방법의 또 다른 장점도 곧 드러났는데, 이것이 내가 블렌디드 학습을 사랑하게 된 결정적인 계기였다. 바로 개별 활동에서 내 역할이 바뀐 것이다. 모둠 하나를 데리고 수업하는 동안 나머지 아이들에게 개별 활동을 시켜야 했을 때는 내 능력의 한계 안에서만 아이들을 가르칠 수 있었다. 독후 활동이 적힌 일지에 일일이 손으로 검토한 내용을 적는 일 역시 비효율적이었다. 학생마다 가장 최근에 쓴 항목을 찾아서 피드백을 남기는 데에 많은 시간이 소요됐기 때문이다. 나는 검토한 내용을 키보드로 입력하거나 녹음하는 것이 손으로 쓰는 것보다 훨씬 빠르다는 것을 깨달았고, 토의 게시판을 사용하면 모든 반응을 한곳에서 볼 수 있다는 것도 알게 되었다.

더 중요한 것은 그 디지털 피드백을 실제 가르치는 일에 활용하기 시작했다는 것이다. 나는 언제 어디서든 질문을 던지고, 학생들이 교실로 돌아오면 추가 제시문과 함께 학생들의 이해의 폭을 넓히는 자원을 공유할 수 있었다. 더 이상 가르치기 위해 아이들 옆에 붙어 있지 않아도 되었다. 저녁 9시에도 집에서 가르칠 수 있고, 학교에서 수업을 준비하는 시간에도 가르칠 수 있었다. 아이들의 개별 활동 시간이 성공적인지 아닌지 판별하는 기준은 더 이상 순응이 아니었다. 나는 아이들이 지금 무엇을 하고 있는지 알 수 있었고 학습에서 주체적인 역할을 맡도록 지도할 수 있었다.

## 교사의 역할을 키우는 법

머릿속에 반짝하고 불이 들어오는 순간이었다. 이런 종류의 활동을 디지털 환경으로 옮기는 것만으로도 여러 장점이 생긴다는 사실을 알게 되자, 학생들을 위한 온라인 수업을 고안할 수도 있겠다는 생각이 들었다. 온라인으로 지도하고 평가한 뒤, 디지털 학습으로 수집한 데이터를 바탕으로 교실에서 대면 지도를 하는 것이다.

가장 좋은 점은 온라인 학습의 도입이 나 자신을 '복제'할 수 있게 해 주었다는 것이다. 디지털 기술이 시간, 장소, 학습 속도를 자유롭게 만들었고, 온라인에서도 오프라인에서도 나를 필요로 하는 곳이면 어디든 존재할 수 있다. 교사의 역할은 커졌고, 교실에서 일어나는 학습 경험은 더욱 풍부해졌다. 작은 변화가 큰 차이를 만들어 낸 것이다. 분명 여러분도 그 변화를 느끼게 될 것이다.

## 연구

블렌디드 학습이 교실에서 일어나는 가르침과 배움에 긍정적인 영향을 미친다고 확신하는 것은 개인적인 경험에 기반하지만, 개인적인 일화 외에도 이러한 교육적 수행을 뒷받침하는 증거가 있다.

블렌디드 학습은 만능이 아니므로 형편없이 실행될 수도 있다. 그러나 수업을 개선하는 데 의도적으로 초점을 맞추고 효과적으로 실행된다면, 놀라운 학업 성취를 이룰 수 있다. 다음은 그에 대한 확실한 증거 및 연구 사례이다.

**블렌디드 학습 성과에 대한 사례 연구** 클레이턴 크리스텐센 학  회는 에버그린교육그룹Evergreen Education Group과 협업하여, 전통적인 교육청에서 블렌디드 학습을 적용해 학업 수행을 향상시킨 12개의 사례 연구를 발표하였다. 이 연구는 인구통계학적 특성과 교육 방법, 교육 목표 등이 다양한 교육청의 사례를 다루고 있다. 사이트 bit.ly/proofpts에 접속하거나 QR코드를 스캔하면 "결정적인 증거: 블렌디드 학습이 성공한 교육청Proof Points: Blended Learning Success in School Districts"이라는 제목의 기사가 뜨는데, 이 기사에서 각각의 사례 연구에 해당하는 링크를 확인할 수 있다.

**블렌디드러닝유니버스** 블렌디드러닝유니버스Blended Learning
Universe(blendedlearning.org/research)는 블렌디드 학습에 관한
연구를 대규모로 탑재하고 있는 웹사이트이다. 온라인 학습을
교실에 처음 적용할 때 도움이 될 만한 설계 도구도 찾아 볼 수
있다.


**클레이턴 크리스텐센 협회** 클레이턴 크리스텐센 협회는 획기
적인 혁신을 추구하는데, 이를 위해 블렌디드 학습의 힘에 대한
방대한 연구를 수행하였다. 협회 웹사이트(bit.ly/CCIresearch)
에는 전 세계에서 이루어지는 블렌디드 학습과 개인화 학습에
대한 수백여 개의 연구 사례가 게시되어 있다.


**더러닝액셀러레이터: 학업에서의 블렌디드 학습 및 개인화 학습**
더러닝액셀러레이터The Learning Accelerator는 교실에서의 혁신에
초점을 맞추는 비영리단체이다. 학업에서의 블렌디드 학습 및
개인화 학습 웹사이트(bit.ly/LAblended)에서는 교사들의 역량
에 기반한 학습 및 교실에서 개인화를 실행하는 방법을 이해하도록 돕는 도구와
자원이 제공된다. 이 웹사이트의 강점 중 하나는 미국 전역에 분포한 여러 학교
의 분석표와 각 학교에서 교실을 혁신하기 위해 사용하는 구체적인 전략을 보여
준다는 것이다. 이 웹사이트는 실제로 실행되고 있는 블렌디드 학습의 사례를
찾아보기에 적합하다.

**1장의 핵심 내용**

이 장의 중요한 내용을 교육자 대상 국제교육기술협회 성취기준과 대응하여 제시하면 다음과 같다.

- 블렌디드 학습은 전통적인 대면 지도와 온라인 학습이 어떤 형태로든 결합된 것이다(특히, 단순히 디지털 기술을 사용하는 것이 아니라 온라인으로 지도하고 평가하는 것을 의미한다). (교육자 1a, 6b)
- 블렌디드 학습은 천편일률적인 접근법으로 설계되지 않는다. 교실에서 특정한 목표를 달성하는 데 필요한 온라인 학습의 비중과 방법을 조절할 수 있다. 블렌디드 학습은 교사와 학생의 고유한 특성에 알맞아야 한다. (교육자 1a, 5a)
- 블렌디드 학습은 모둠 활동이나 개별화된 지도에서 최대한 많은 것을 이끌어 내도록 돕는 훌륭한 전략이다. (교육자 5a, 6b)
- 온라인 학습을 이용하여 교실을 재구조화하면 교실을 둘러싼 물리적인 벽의 한계를 뛰어넘어 지도할 수 있고, 이를 통해 교사 자신을 '복제'할 수 있다. (교육자 1a, 6b)

**더 생각해 보기**

1장을 읽고 자신의 수업에서 이 장의 아이디어를 어떻게 적용할 수 있을지 다음의 질문을 통해 생각해 보자.

- 블렌디드 학습을 탐색하는 자신만의 '이유'는 무엇인가?
- 교실에 온라인 학습을 도입하면 어떤 문제를 해결할 수 있는가?
- 공유된 링크 몇 개에 접속해 보자. 제시된 학교나 교실 사례 중 감명 깊은 것이 있는가? 그 이유는 무엇인가?

여러분이 더 성찰한 내용을 해시태그 #PerfectBlendBook을 달아 온라인에 공유하자.

# 02 학생 주도성을 기르기 위한 수업 설계

**이 장의 목표**

- 차별화와 개인화의 차이를 이해한다.
- 개인화 학습을 촉진하는 블렌디드 학습의 역할을 이해한다.
- 학습 방법, 속도, 시간, 장소의 측면에서 학생 주도성을 고려한 블렌디드 학습 구조를 설계한다.
- 교실에서 학생 주도성을 높이는 아이디어를 얻는다.
- 학생의 참여와 성취도를 높이기 위한 학업 데이터 및 정서적 데이터의 중요성을 이해한다.

## 국제교육기술협회 성취기준

다음은 이 장에 해당하는 교육자 대상 국제교육기술협회 성취기준이다.

1. 학습자

교육자는 학생의 학습 능력을 향상시키기 위해 타인으로부터 배우고 함께 성장하며, 기술을 활용하는 검증된 교육적 실천을 탐색하면서 수행 능력을 지속적으로 개선한다.

c. 학습 과학 분야의 연구 결과를 비롯하여, 학생의 학습 결과를 향상시키는 데 도움이 되는 최신 연구 동향을 파악한다.

5. 설계자

교육자는 학습자의 다양성에 맞추어, 실제적이고 학습자 주도적인 활동 및 환경을 설계한다.

a. 디지털 기술을 사용하여 독립적인 학습을 촉진하고 학습자의 특징과 필요에 적합한 학습 경험을 창조, 적용하고 개인화한다.

6. 촉진자

교육자는 디지털 기술을 활용한 학습을 촉진하여 학생을 대상으로 한 2016 국제교육기술협회 성취기준을 성취할 수 있도록 학생들을 지원한다.

a. 학생들이 자신의 학습 목표와 학습 결과에 주인 의식을 가지고 개별적으로 또는 그룹을 이루어 학습할 수 있는 문화를 증진한다.

7. 분석가

교육자는 데이터를 이해한 후 학생들을 지도하고 학생들의 학습 목표 달성을 지원한다.

a. 학생들의 역량을 입증할 수 있는 대안적인 방법을 제공하고, 디지털 기술을 사용하여 스스로 학습을 성찰할 수 있게 한다.

c. 평가 자료를 사용하여 학습의 진전 정도를 안내하고 학생, 부모, 교육 관계자와 소통하며 학생의 자기주도성을 키우기 위해 노력한다.

# 블렌디드 교실에서 일어나는 개인화 학습

들어가기 전에 확실히 해 두자. 단순히 학교 수업에 온라인 학습 요소를 더한다고 해서 모든 학생들이 반드시 변화된 경험을 하게 되리라고 보장할 수는 없다. 그러나 성공적으로 이루어지는 블렌디드 학습에는 대체로 한 가지 요소가 반드시 존재한다. 그것은 바로 학생 주도성이다.

학생 주도성은 학생이 학습에 흥미를 가지고 의미 있게 관계되어 주도적으로 학습이 이루어질 때 작동한다. 진정한 주인 의식을 가진 학생은 교실에서 발언권을 가지고 선택하는 경험을 하면서 능동적인 학습자의 역할을 맡게 된다. 교사가 아닌 학생이 수업의 중심이 되어 자신이 무엇을 배울지, 어떻게 배울지, 배운 것을 숙달했다는 사실을 어떻게 증명할지를 스스로 결정하는 것이다.

블렌디드 학습은 학생들이 자신의 학습에 일정 정도 자율성을 가질 수 있는 환경을 조성한다. 학습 경험을 개인화함으로써 학생의 참여를 높이고, 학습을 개별화하기 위해 다루기 쉽고 사용 가능한 해결책을 제공함으로써 학생들이 성공적으로 자기 자신을 조절한다는 것의 의미를 익히도록 돕는다. 그리고 이러한 환경이 결국 학생 주도성을 높이는 데 크게 기여하게 된다.

학생들의 교실 경험에 긍정적인 영향을 미치는 주인 의식은 개인화 학습의 기본 전제이다. 이 전제를 실천하는 방식이나 접근법에는 의견 차가 있을 수 있지만, 궁극적으로 우리 모두는 학생이 문제를 스스로 발견하고 해결하는 평생 학습자로 자라나기를 원한다. 사실, 이러한 신념을 갖지 않은 교사를 찾기란 쉽지 않다. 따라서 교사가 학생이 주인 의식을 갖기를 정말 원하는지는 논쟁의 대상이 아니다. 진짜 문제는 다양한 강점과 필요를 가진 학생들, 교육청 또는 주에 따라 엄격하게 정해진 교육과정, 이미 교사에게 부여된 상당한 양의 업무로 가득한 교실에서 개인화 학습이 어떤 모습을 띨지 예측하기가 어렵다는 것이다. 게다가 별도의 적응형 소프트웨어도 구비되지 않은 상황에서 학습의 차별화 이상을 달성하고자 한다면, 이 일이 거의 감당할 수 없게 느껴질 것이다.

이 책에서는 현대적인 교실에서 기존의 틀을 깨고, 실제적이면서 쉬운 방법으로 개인화 학습을 실행할 수 있음을 알려 주고자 한다. 적응형 소프트웨어를 사용할 수도 있고, 교사가 직접 만든 학습 콘텐츠와 기기 몇 대만을 사용할 수도 있다. 중요한 것은 개인화 학습의 중심이 일대일 학습이나 값비싼 소프트웨어가 아닌 학생이라는 점이다. 개인화란 학생 중심의 학습 환경을 조성하는 것이다.

학생 주도성과 개인화 학습에 대한 논의에서 십중팔구 누군가는 '차별화'라는 단어를 언급할 것이다. 개인화와 차별화는 종종 구별 없이 쓰이기도 하지만, 두 단어는 엄연히 서로 다른 두 가지 수업 형태를 일컫는다. 이에 대해 나는 한 가지 핵심적인 차이를 기준으로 생각하기를 좋아하는데, 그건 바로 학습 활동의 변화를 만드는 책임이 누구에게 있느냐는 것이다. 차별화된 학습에서는 교사가 학습 활동을 수정하고 변화시켜 학생들이 목적한 바를 이루도록 돕는 반면, 개인화 학습에서는 학생이 학습 활동을 수정하고 변화시켜 스스로 목적한 바를 이룬다.[1]

한걸음 더 나아가면, 블렌디드 학습은 개인화 학습과 차별화 학습을 병행할 수도 있다(나는 그래야만 한다고 생각한다). 블렌디드 학습은 개인화에 용이하고 효과적인 환경을 제공할 수 있으며, 교사는 학생 주도성을 염두에 두고 블렌디드 학습 경험을 설계할 수 있다.

그렇다고 해서 차별화 학습이 불필요하다고 주장하는 것은 아니다. 가장 유

............

[1]  개인화 학습(personalized learning)은 학습자가 스스로 결정한 학습 경로에 따라 학습자에게 적절한 학습 자원과 도움을 제공하는 학습 방법이다. 차별화 학습(differentiated learning)은 학습자 집단의 학습 요구에 따라 맞춤형 교육이 제공되는 방식으로, 학습자 집단의 특성에 따라 학습 내용, 학습 활동, 학습 속도 등이 다르게 선택된다. 개별화 학습(individualized learning)은 개별 학습자의 학습 요구, 선호하는 학습 방식이나 내용에 대한 구체적인 주제에 맞춘 방식으로, 모든 학생들에게 공통된 학습 목표가 부여된다. 개인화 학습은 학습자 주도적으로 자신에게 맞는 교수 학습 환경을 구성해 가는 접근인 반면, 개별화 학습은 교사가 주도적으로 학생들의 특성에 맞는 교수 학습 환경을 제공하는 접근이라고 할 수 있다.
동효관 외(2022:44), 블렌디드 러닝 환경에서 학습자 유형화에 따른 맞춤형 교수·학습 방안 탐색(Ⅰ), 연구보고 RRI 2022-1, 한국교육과정평가원.

행하는 최신 개념을 도입하기 위해 기존에 잘 사용하던 전략과 구조를 버리는 것은 시간을 두고 천천히 해야 할 일이다. 차별화에 적절한 지점을 찾아내고, 차별화하기로 결정한 부분에서도 학생들이 어느 정도 자율성을 발휘할 수 있도록 방법을 찾아내는 것 역시 교사의 역할 중 하나이다. 3장과 4장에서 더 자세히 알게 되겠지만, 블렌디드 학습의 어떤 측면은 차별화에 적합한 반면, 어떤 측면은 개인화에 더 적합하다.

## 선택권과 발언권

교실에서 학생 주도성 또는 개인화 학습이 어느 정도 이루어지고 있는지 알아보는 가장 간단한 방법은 학생에게 발언권과 선택권이 얼마나 주어지는지 떠올려 보는 것이다. 개인화 환경은 학생이 학습 내용을 익히는 방법과 숙달된 정도를 증명하는 방법을 선택할 수 있게 하고, 학습이 어떤 형태를 띨지에 대한 발언권을 준다.

### 선택권

학생에게 선택권을 주는 것은 교실에서 학생 주도성을 발휘할 기회를 만드는 첫 단계이자, 매우 중요한 첫걸음이다. 교육에서뿐만 아니라 일상에서도 개인의 선택권은 다양한 상황에서 의미 있는 결과를 만들어 낸다.

소비자의 선택권과 쇼핑 습관을 다룬 흥미로운 연구 결과는 블렌디드 학습이 이루어지는 교실과 유사한 면이 있다. 대니얼 모촌Daniel Mochon은 2013년에 수행한 연구에서, 구매를 결정할 때 개인의 선택권이 놀라울 정도로 중요하다는 사실을 발견하고 이러한 경향에 '단일 대안 회피'라는 이름을 붙였다. 한 소비자가 어떤 제품을 구매하기 위해 가게에 들어갔다고 상상해 보자. 가게 안에 사려고 했던 제품이 딱 한 개만 있고 다른 선택지가 없다면, 설령 그 제품이 그 가게에서 가장 좋은 것이거나 가장 인기 있는 제품이라 할지라도 소비자는 무의식중에 그 제품을 별로라고 생각할 가능성이 높다. 그 이유는 단지 다른 선택권이 없기 때문이다(Mochon, 2013).

이것이 교실에 어떻게 적용될지 생각해 보자. 무척 흥미롭고 자연스럽게 학생을 참여시킬 수 있는 학습 주제라도 그것을 학습하는 방식에 대해 학생에게 선택권을 주지 않는다면 어떤 일이 벌어질까? 그 주제에 대해 가르치고, 세세한 것 하나하나까지 선별하고, 평가 방법을 정확하게 계획하는 일이, 학생으로 하여금 학습을 기피하도록 부추기는 일이 되는 것일까? 우리가 단일 대안 회피에 불을 지피고 있는 것일까?

놀라운 평가 방법이나 프로젝트를 고안하는 것만으로는 충분하지 않다. 훌륭한 '상호작용형' 디지털 콘텐츠를 만들기 위해 상호작용이 가능한 양질의 콘텐츠를 찾는 것만으로는 충분하지 않다. 학생들에게 선택지를 주지 않는다면 이 세상에 존재하는 가장 훌륭한 학습 주제라도 학생들에게는 형편없는 것으로 받아들여질 수 있다.

그렇다면 어떻게 해야 학생들에게 더 많은 학업 선택권을 줄 수 있을까? 결론부터 말하자면, 학생들은 콘텐츠를 학습하는 방법과 평가받는 방법에 관한 선택권을 가질 수 있다. 교사는 이러한 선택 기회들을 블렌디드 학습에서 사용하는 온라인 학습에 효과적으로 포함할 수 있다.

## 학습 자료에 대한 선택권

학습 자료를 활용하는 방법에 대해 학생들에게 선택권을 준다고 가정하고, 학생이 직접 수업 방식을 선택할 수 있도록 돕는 디지털 콘텐츠를 설계한다고 상상해 보자. 학생이 온라인으로 디지털 콘텐츠에 접속하면, 동영상, 텍스트 기반 자료, 상호작용형 시뮬레이션 또는 슬라이드와 같은 세 종류의 수업 콘텐츠가 제시된다. 학생은 이 중 두 가지를 선택할 수 있는데, 학생을 평가할 때는 학생이 선택한 콘텐츠가 무엇인지, 그 이유는 무엇인지를 성찰하는 질문을 추가하는 것이 좋다. 이 질문은 두 가지 점에서 유용한데, 하나는 교사가 학생이 매력을 느낀 콘텐츠 유형에 대한 자료를 수집할 수 있다는 것이고, 또 하나는 그 자료를 바탕으로 더욱 효과적인 학습이 가능하다는 것이다.

### 평가에서의 선택권

위와 같이 학습한 후, 평가에서 어려움을 겪는 학생이 있다고 가정해 보자. 이 사례를 살펴보는 목적을 명확히 하기 위해, 이 학생이 고른 수업 콘텐츠가 텍스트에 기반한 자원과 상호작용형 슬라이드였다고 가정하자. 블렌디드 학습의 장점 중 하나는 차별화와 개선이 효과적으로 이루어진다는 것이다. 이 학생에게 숙달을 증명하는 또 다른 기회를 주고 싶다면, 글로 된 자료를 더 주는 것은 별로 좋은 생각이 아니다. 학생이 글을 읽고 나서 성공적으로 평가를 치르지 못했다면 다시 가르치면서 같은 종류의 자료를 또다시 제공하는 것은 그다지 좋은 방법이 아니다. 그 대신 교사가 다시 가르치는 데 필요한 자료를 미리 다양하게 구성해 놓았다면, 학생이 처음 학습할 때는 고르지 않았던 동영상을 보도록 지도할 수 있다. 이렇게 하면 별도의 수고 없이도 배운 내용을 복습하는 데 필요한 다른 형태의 추가 자료를 제공할 수 있고, 다른 방식으로 다시 가르칠 수 있다.

교사는 학생들에게 학습 도구의 선택지를 줌으로써 다양한 평가의 기회를 열어 줄 수 있다. 평가 방법에 대한 선택지를 준다는 말은 곧 개선할 수 있는 선택지도 같이 준다는 뜻이다. 학생이 다시 평가받을 기회를 얻는다면, 똑같은 평가 방식이나 시험을 통해서는 충분한 학습이 이루어졌는지 정확하게 판별하기 어렵다. 그러나 교사가 이전에 학생들에게 여러 평가 방법에 대한 선택권을 주었다면, 추가로 계획하는 데 노력을 들이지 않고도 보충 지도를 한 다음, 다른 방법으로 두 번째 평가를 할 수 있다.

선택지는 복수로 하되 결정 마비를 일으키지 않도록 균형 잡기

선택권이 넘치는 수업을 설계할 때는 아무리 좋은 것이라도 지나치게 많이 제공하지 않도록 조심해야 한다. 선택지가 너무 많은 경우는 선택지가 하나일 때만큼이나 치명적이다. 쉬나 아이엔가Sheena Iyengar와 마크 레퍼Mark Lepper는 2000년에 수행한 한 연구에서 선택지가 너무 많으면 성공적인 결정을 내리지 못한다는 사실을 발견했다. 연구자들은 구매자에게 잼 24종이 놓인 탁자를 보여 준 뒤, 곧이어 6종의 잼만 놓인 탁자를 보여 주었다. 그 결과, 구매자의 흥미를 더 많이 불러일으킨 것은 선택지가 많은 탁자였지만 결과적으로 판매가 더 많이 이루어진 탁자는 선택지가 적은 쪽이었다. 연구자들은 다양성이 너무 크면 '결정 마비'를 일으키기 때문에, 소비자들이 최선의 선택을 하는 것이 어려워진다고 결론 내렸다(Iyengar & Lepper, 2000).

이 결과가 블렌디드 교실에 시사하는 바는 무엇일까? 그것은 바로 학생에게 선택권을 주는 것도 중요하지만 균형을 맞추는 일에도 최선을 다해야 한다는 것이다. 선택지가 너무 많이 주어지면 학생은 효율적인 결정을 내리기가 어려워진다. 따라서 교사의 중요한 역할 중 하나는 선택지를 구조화해서 제공하는 것이다.

안타깝게도 나는 이러한 균형이 어떤 모습인지에 대해 안내 지침을 충분하게 가지고 있지 않다. 그건 아마 교사가 맡은 학생들과 그들 각자가 가진 고유의 필요에 따라 다를 것이다. 디지털 콘텐츠를 설계할 때, 잼 구매자의 딜레마를 기억하기 바란다. 자료에 접근하는 방법을 학생들에게 최소한으로 제공하는 것과 가능한 모든 자원에 대해 광범위한 목록을 제공하는 것 사이에는 분명한 차이가 있다. 마찬가지로 평가 방법에 대한 선택지를 몇 가지 고안하여 학생에게 제시하는 것과 각자가 원하는 어떤 방식으로든 숙달 정도를 증명할 수 있도록 범위를 제한하지 않고 모호하게 제시하는 것 사이에도 분명 차이가 있다. 다시 한번 강조하지만, 학습 경험을 설계할 때 무엇보다 중요한 건 균형을 맞추는 일이다.

## 발언권

진정한 학생 주도성을 달성하는 것이 목표라면, 선택권을 주는 것만으로는 충분하지 않다. 교사는 자신의 교육 활동에서 학생들이 발언권을 가질 수 있게 해야 한다. 즉 학생들이 자신의 교실과 학습에 권한을 가지고 관여할 수 있어야 한다는 뜻이다. 학생에게 학습을 계획할 수 있는 권한이 주어질 때, 수업은 진정으로 학생 중심의 접근법을 취하게 된다.

코니 스칼제티Connie Scalzetti가 시카고 국제 차터스쿨 웨스트 벨든CICS West Belden에서 5학년을 대상으로 하는 수업은 학생들이 스스로 학습을 설계하게 하는 좋은 사례이다. 코니는 학생들이 교실을 나가기 직전에 빠르게 형성평가의 빈칸을 채우게 하는 일반적인 '퇴실 티켓' 방법 대신, 그날의 학습을 시작하기 전 학생들이 스스로의 상태를 점검할 수 있도록 '입실 티켓'이라는 사전 평가를 수행하게 한다. 학생들은 도출된 데이터를 통해 자신의 현 상태를 파악한 뒤, '세미나'(그림 2.1)에 참석하여 교사의 직접 지도를 받을지, 워크숍에 참여할지 결정한다. 워크숍에서는 학생들이 배운 것을 실생활에 적용하는 몇 가지 개별 및 협업 과제를 선택할 수 있다.

코니가 사용하는 것과 같은 개인화 지도 모형에 온라인 학습을 결합하면 블렌디드 학습에 적용할 발언권과 선택권을 충족할 수 있다. 이때 학습 설계자인 교사의 역할 중 하나는 발언권과 선택권을 구조화하여 학생들이 부담을 느끼지 않도록 배려하는 것이다.

대부분 교실에서 진정으로 학생 주도성을 발휘하는 기회를 만들려면 비계(가설물)를 놓아 주어야 한다. 우리는 그동안 로버트 프라이드가 "학교 게임game of school"(Robert Fried, 2005)이라고 부르는 것으로 학생들을 훈련시켜 왔다. 이로 인해 학생들은 교육자가 학습자를 일종의 그릇으로 바라보고 지식을 집어넣는 모형에서 성공을 이루는 게임 방식에 익숙해져 있다. 자신의 학습을 스스로 통제할 수 있는 권한을 갖는 것은 학습자들에게 매우 색다른 경험이기 때문에,

[그림 2.1] 시카고 국제 차터스쿨 웨스트 벨든에서 5학년을 대상으로 수업하고 있는 코니 스칼제티.

스스로를 학습자로서 지지한다는 것이 어떤 의미인지 가르칠 필요가 있다.

## 속도, 방법, 시간, 장소

블렌디드 교실을 만들 때, 교사는 학습의 네 가지 측면에서 학생 주도성과 발언권을 발휘하는 기회를 만들어 낼 수 있다.

- 속도
- 방법
- 시간
- 장소

블렌디드 교실에서든 아니든, 개인화 학습에서 가장 두려운 일 중 하나는 통제권을 잃지 않을까 하는 우려이다. 하지만 학생들에게 발언권을 주기 위해 교실을 난장판으로 만들 필요는 없다. 학생들에게 속도, 방법, 시간, 장소에 대해 언제나 주도성을 부여할 필요는 없다. 예를 들어, 수학 시간에 학생들에게 학습 방법에 대한 통제권을 주기는 어려울 것이다. 내용을 학습하는 방법에 대한 선택권은 학생들에게 줄 수 있지만, 주제와 단원은 전적으로 교사가 통제해야 한다. 수학 수업에서 각 단원은 관련 단원에 기반하여 쌓아 올려지고, 다음 단원의 기초가 된다. 이런 상황에서는 학생 주도성 측면 중에서 학습 속도에 초점을 맞추어, 다음 개념으로 넘어가기 전에 학생 개개인이 완벽하게 해당 개념을 숙달할 수 있도록 돕는 편이 낫다. 학생 중심의 학습 환경이 곧 구조가 빈약한 환경을 의미하는 것은 아니다.

교실에서 학생들에게 어떤 측면에 대한 통제권을 부여할지는 교사의 선택에 달려 있다. 현재 무엇을 가르치고 있는지, 지금이 일 년 중 어느 시점인지(학년이 낮을 경우 특히 더 중요하다), 가르치는 스타일이 어떤지, 학생 개개인의 성향이 어떠한지에 따라 선택은 달라진다. 학기마다, 날마다, 심지어 수업마다 달라질 수 있다. 학생들이 모든 것을 결정할 필요는 없지만, 모든 수업에서 최소한 어떤 측면에서는 학생이 주도권을 잡을 수 있도록 학습 경험을 설계해야 한다. 한 해가 지나는 동안, 학생 주도성이 어떻게 성장하고 변화하는지 또한 고려하여 발달한 정도에 알맞게 수업에 적용하도록 한다.

디지털 기술은 학생들의 흥미를 불러일으키거나 학생들을 수업에 참여시키는 도구 그 이상이다. 디지털 기술은 진정한 개인화 학습을 이끌어, 학생들이 학업에서 주인 의식을 갖게 만드는 수단이 될 수 있다. 다음 절에서 알게 되겠지만, 디지털 기술은 속도, 방법, 시간, 장소에 대한 학생 주도성을 향상시키는 핵심 역할을 수행할 수 있다.

## 속도

전통적인 수업 환경에서 학습 속도를 결정하는 일은 학생 모두가 학업 성취도를 높일 수 있도록 성실하게 수업을 차별화하고 개선하는 교사의 몫이었다. 그러나 이러한 작업은 매우 까다롭고 쉽지 않은 만큼, 실상은 단원을 학습하는 마지막 날이 되면 개개인의 숙달 정도에 상관없이 다음 단원으로 넘어간다. 교사가 속도를 정하는 학습에서는 이러한 문제가 빈번히 생겨난다. 해당 단원을 완전히 숙달하지 못한 학생은 불이익을 안고 다음 단원을 시작하게 되고, 이것이 반복되면 지식의 기반에 커다란 공백이 생긴다. 이러한 공백 때문에 다음에 배우게 될 내용을 성취하기가 어려워지는데, 특히 수학처럼 각 단원이 앞 단원을 기반으로 쌓아 올려지는 과목에서 더욱 그렇다. 이러한 상황에 놓인 학생은 남들보다 뒤처진 상태에서 한 해를 시작하고, 그 상태로 한 해를 끝내게 된다.

블렌디드 학습은 학생들이 각 단계에서 다음 단계의 학습으로 이동하는 속도를 유연하게 만들어 줄 수 있다. 예를 들어 수업 전체에 걸쳐 또는 수업 한 차시에라도 전략적으로 온라인 학습을 더함으로써, 학생들이 과제를 해결하고 숙달하는 속도를 통제할 수 있다. 또한 블렌디드 학습은 교사가 교실에서 학생을 지도하는 시간을 충분히 확보할 수 있게 함으로써 대면 지도를 하는 데 유용한 데이터를 제공한다.

예를 들어, 캘리포니아의 린지Lindsay고등학교는 영어가 모국어가 아닌 학생들을 위해 고도로 개인화된 접근을 취하는데, 즉 이 학교에서는 학생들에게 학습 속도에 대한 주도성을 부여한다(The Learning Accelerator, n.d.). 학생들은 특별히 설계된

린지고등학교

자기 주도 학습 시간에 플레이리스트를 사용하여 학년 수준에 상관없이 각자의 속도로 배울 수 있다. 자기 속도에 맞게 학습하다 보면 학습이 일정 정도의 시간이 아니라 숙달 정도에 따라 성취된다는 것을 깨닫게 된다. 이렇듯 학생들은 각자 속도에 맞추어 학업을 진행하지만 린지고등학교는 학생들이 매년 일정한 양

의 내용을 학습하고 숙달하기를 기대한다. 따라서 뒤처진 학생들은 진도를 따라잡기 위해 다양한 지원을 받는데, 일과 중에 교사가 직접 가르치는 개인화 학습시간을 갖기도 하고, 자세한 진도 안내와 진도표를 받기도 하며, 스스로 도달하기 원하는 수준(기본적인 수준까지만 성취하고 싶은지 아니면 상급 수준에 이르고 싶은지)을 선택하기도 한다. 린지고등학교의 교육 방법에 대한 더 많은 정보를 알고 싶다면, 사이트 bit.ly/LHSpace에 접속해 보자.

전통적인 수업 방식이나 엄격한 교육과정에 따라 수업을 한다면, 학습 속도에 유연성을 주는 것만으로는 학생이 성취기준을 달성하는 데 드는 어려움을 충분히 해결하기 어렵다. 그러나 블렌디드 학습은 모든 학생이 모든 수업에서 성취기준에 도달할 수 있는 환경을 조성한다.

## 방법

온라인 학습을 일상적인 교실에 도입하면 학생들에게 학습에 대한 주도성이 부여되고, 이는 곧 더 다양한 방식의 개별화된 학습을 촉진한다. 수업 중 일부가 온라인으로 이루어지면, 학생들이 자료를 학습하는 방법과 수행하고자 하는 평가 방식을 스스로 결정할 수 있다.

학생들에게 학습 방법에 대한 결정권을 주지 않고도 학습 방법을 개별화할 방법이 있는데, 적응형 소프트웨어 및 프로그램은 학생들의 요구에 정확히 반응하고 그들이 자신의 역량에 따라 다음 단계의 학습으로 넘어갈 수 있게 돕는 뛰어난 디지털 콘텐츠 도구이다. 이러한 프로그램 중 상당수가 '개인화'된 학습 프로그램이라고 이름 붙어 있지만, 주의가 필요하다. 이들은 교실에서 추가로 사용할 수 있는 아주 강력한 도구이지만 학습의 상당 부분을 적응형 소프트웨어에 의존하는 블렌디드 환경이라면 학생들이 그 안에서 주도성을 발휘할 수 있는 방법을 반드시 고려해야 한다. 적응형 소프트웨어는 고도로 개별화된 지도 방식을 제공할 수 있지만, 정확한 의도를 가지고 사용하지 않으면 주도성을 강화하기보다 실제로는 주도성을 억압할 수 있다. 학생이 자신의 학습 방법에 대한 통제권을 갖고 있지 않다면 그것은 교사나 컴퓨터가 주도하는 학습이지 학생 중심의 학습이 아니다.

디지털 기술을 사용하지 않고도 수업 전반에 걸쳐 개인화 학습 방법을 적용할 수 있지만 블렌디드 학습 환경은 개인화 학습 방법의 구현을 더 쉽게 만드는 잠재력을 가지고 있다. 블렌디드 학습 환경에서 교사는 다른 것에 신경 쓰지 않고 학생의 자기 주도 학습에서 얻은 데이터를 활용하는 일에 집중할 수 있고, 이를 통해 개별화되고 차별화된 학습 경험을 제공할 수 있다.

플레전트뷰
초등학교

로드아일랜드주 프로비던스시에 위치한 플레전트뷰Pleasant View초등학교의 5학년 담임교사들은 개인화된 블렌디드 학습을 촉진하기 위해 학습 방법의 측면에서 학생 주도성을 발휘하게 한다(The Learning Accelerator, n.d.). 학생들은 수업의 매 차시를 사전 평가로 시작하는데 이 사전 평가를 통해 학습 목표에 대한 자신의 현재 숙달 수준을 파악한다. 그런 뒤 이 정보를 사용하여 성공적으로 목표에 이르는 데 필요한 플레이리스트, 자원, 그리고 지원을 스스로 결정한다. 초등학생이 감당하기에는 꽤 큰 책임이므로 교사들은 학생들을 지원하기 위해 비계를 마련하여 책임이 단계적으로 늘어나게 돕는다. 개인화 학습에 대한 플레전트뷰초등학교의 접근 방법에 대해 더 많은 정보를 알고 싶다면, 사이트 bit.ly/PVESpath에 접속해 보자.

블렌디드 교실에서 온라인 지도는 교사에게 디지털 기술이 할 수 없는 걸 하는 데 필요한 도구를 제공한다. 4장에서는 학생들이 학습 방법에서 더 많은 자율성을 갖게 하는 구체적인 전략과 도구에 대해 자세히 다룰 것이다.

## 시간과 장소

블렌디드 학습 환경은 결과적으로 학생들이 자신의 학업에서 시간과 공간에 대한 통제권을 일정 부분 가질 수 있게 한다. 수업 일부를 온라인으로 옮기면 학생들은 더 이상 사방이 벽으로 둘러싸인 교실 공간에 갇히지 않는다. 교사는 지식을 전달하는 유일한 대리인으로서 교실 안에 존재할 필요가 없다. 학생은 언제 어디에서든 학습을 이어 갈 수 있고, 교사 역시 언제 어디에서든 지도할 수 있다. 1장에서 이야기했듯, 온라인 학습을 수업 구조에 도입한다는 것은 집에서도 학생들을 가르칠 수 있다는 의미이다. 필요한 것이라고는 노트북이나 휴대폰, 수업 자료가 저장된 디지털 학습 환경에 접근할 수 있는 권한이 전부이다.

학생들에게 속도, 방법, 시간, 장소에 대한 통제권을 부여할 수 있는 도구에 대해서는 3장과 4장에서 자세히 알아볼 것이다. 지금은 우선, 자신이 맡은 학생들에게 도움이 될 첫 단계가 무엇일지 생각해 보자. 학생들의 자율성을 더 보장하고 싶은 분야는 무엇인가? 현재 교실에서 학생들의 성공적인 학습을 위한 구조화가 절실한 부분은 어디인가?

## 학생의 데이터와 자기 성찰

진정한 학생 중심의 학습이 가능해지려면, 학생들이 학업에 관련된 데이터와 학업과 관련 없는 데이터 둘 다 스스로 성찰하는 법을 알아야 한다. 여기에는 평가에 관한 데이터와 다양한 학습 목표의 숙달 정도에 대한 정보, 자신의 소프트 스킬[2]에 대한 인식이 포함된다. 학습에 대한 결정을 내리려면 자신이 현재 어디에 있고 어디로 가고 있는지 이해해야 한다. 이것은 단기간에 성취되는 것이 아닌 하나의 긴 여정으로, 여러분이 이러한 자기 성찰적인 학습 기회를 매일매일의 수업에 포함시킬 수 있는 아이디어 몇 가지를 앞으로 여러 장에 걸쳐 제공

-------------

2   정량화하기 어려운 주관적인 기술로, 의사소통 능력, 리더십, 시간 관리 기술, 갈등 해결 능력과 같이 업무 상황에서 상호작용하는 다양한 역량을 일컫는 말이다.

할 것이다. 그 전에 우선 블렌디드 학습을 설계하는 데 데이터가 하는 역할을 더 자세히 알아보자.

## 데이터에 기반한 의사 결정

학습을 이끌고 학생의 참여를 촉진하기 위한 교사의 데이터 활용 능력은 블렌디드 학습에서 매우 중요한 요소이다. 교사가 설계하는 블렌디드 모형이 무엇이든, 오프라인에서 일어나는 학습과 온라인에서 일어나는 학습 모두를 서로 연결하는 것이 중요하다는 사실을 기억해야 한다. 개리슨과 카누카(Garrison & Kanuka, 2004), 개리슨과 본(Garrison & Vaughan, 2008), 그리고 거빅(Gerbic, 2006)의 연구에 따르면, 디지털 공간에서 일어나는 학습과 물리적인 공간에서 일어나는 학습이 깊은 수준에서 통합되는 것이 중요하다. 온라인 학습과 대면 지도가 동떨어져 있으면 학업적으로 높은 성과를 얻을 수 없다. 그러므로 모둠을 지도하는 동안 다른 학생들이 개별화된 적응형 소프트웨어로 학습을 수행한다면, 적응형 소프트웨어를 통해서든 교사의 관찰에 의해서든 온라인 학습에 대한 데이터를 수집해 교실 다른 곳에서 벌어지는 수업에 활용하지 않는 한, 학생들이 주요한 학업 성취를 이루기 어렵다. 그러나 온라인 학습과 오프라인 학습이 연결되어 각각으로부터 수집된 데이터가 학생에게 개별화된 지도를 제공하는 데 활용된다면, 바로 그 순간 블렌디드 학습은 변화를 만들어 낸다.

교사가 얻을 수 있는 데이터는 직접 구성한 온라인 학습에 따라 다양하다. 내가 속한 교육청에서는 대부분의 경우 교사가 직접 설계한 디지털 과제를 학생들이 수행하고 교사가 그 결과를 살펴보며 데이터를 얻는다. 학습관리시스템 Learning Management System: LMS을 사용하고 있다면, 다양한 평가에 대해 출력할 수 있는 여러 종류의 보고서를 확인해 보는 것이 좋다. 그 보고서는 유용한 통찰이나 간단한 통계를 제공하고, 또한 정교할 것이다. 무엇보다 중요한 것은 학생들이 자기 주도 학습을 어떻게 진행하고 있는지 이해한 뒤에 이를 기반으로 수업을 설계하고 모둠을 구성하는 것이다.

## 참여도 측정하기

중요한 것은 학업 내용에 관한 자료만이 아니다. 이미 1968년부터 이루어진 여러 연구를 통해 학생의 참여가 학업 성취와 직접적인 상관관계를 보인다는 사실이 알려졌다. 앞서 언급했듯 참여를 촉진한다는 것은 그저 학생들을 즐겁게 하는 것이 아니라 학습에 시간과 노력을 투자하도록 이끄는 것이다. 이러한 정서적인 데이터는 숙달의 진전 정도에 대한 데이터만큼이나 중요하게 분석할 가치가 있다.

남부 행콕 커뮤니티학교[3]법인의 전략적 학습 지도자 크리스 영Chris Young(@ChrisYoungEDU)은 '중요한 것을 측정하는 일이 중요함'을 이해하는 사람이다. 크리스 영은 교사들이 학생의 학업 참여도를 분석하는 일을 돕기 위해 학생 참여도 툴키트를 만들었다. 크리스 영은 다음과 같이 설명한다. "교육에서 학생의 성적, 평가 데이터, 출석도 등 거의 모든 것이 측정되고 있다. 그러나 수업에 대한 흥미는 어떻게 측정하고 있는가? 학생들이 정말 참여하고 있는가? 학생들이 내용을 올바로 이해하고 있기는 한가?"(Chris, 2020) 학생 참여도 툴키트를 사용하면 수업 현장에서 이 질문들에 대답할 수 있다(그림 2.1). 이 툴키트는 플리커스Plickers[4] 애플리케이션으로 작동하고(get.plickers.com), 사이트 bit.ly/mea-

중요한 것
측정하기

학생 참여도
툴키트

..............

3    1982년 퀘벡주 정부 백서에서 공동체와 학교가 상호 이익을 위해 함께 노력하는 학교를 지칭하기 위해 처음 사용한 용어로, 지역 사회와의 연계를 통해 학교와 공동체 간 시너지 효과를 추구하는 학교 모형을 일컫는다.
4    실시간 여론조사 애플리케이션 가운데 하나로, 학생들이 개인 식별 카드를 들면 교사가 스마트폰으로 스캔해 답변 통계를 얻을 수 있다.

suremyclass에서 내려받을 수 있다. 크리스의 설명을 직접 듣고 싶다면, QR코드를 스캔해 '중요한 것 측정하기'라는 영상을 볼 수 있다(bit.ly/CYmeasure).

---

**참여도 툴키트 사용하기**

1. 플리커스에 가입하세요.
2. 플리커스 애플리케이션을 설치하세요.
3. 플리커스 카드를 양면으로 인쇄하세요.
4. 카드를 익명으로 학생들에게 나누어 주세요.
5. 가르치세요.
6. 참여 데이터를 스캔하세요.
7. 결과를 분석하세요.
8. 수업을 개선하세요.
9. 참여 데이터를 한 번 더 스캔하세요.
10. 학생들의 참여도를 높여 보세요.

| 수업 참여도 평가 등급 | |
| --- | --- |
| 😄 | 아주 마음에 들어요. |
| 🙂 | 좋아요. |
| 😐 | 별로예요. |
| 🙁 | 아주 지루해요. |

제작: 크리스 영     @ChrisYoungEdu

[그림 2.1] 크리스 영의 학생 참여도 툴키트 안내.

## 학습자 분석표

자신의 교육을 스스로 신뢰하기 위한 방법에는 학습자로서 자기 자신을 이해하는 것도 포함된다. 바버라 브레이Barbara Bray(@bbray27)와 캐슬린 매클래스키Kathleen McClaskey(@khmmc)가 함께 쓴 《학습을 개인화하는 법How to Personalize Learning》(2016)에는 학생들을 위해 학습자 분석표를 개발하는 아이디어가 실려 있다. 이 학습자 분석표는 학생들이 자신의 강점, 필요, 흥미를 발견할 수 있도록 고안된 진술문으로 이루어진 체크 리스트이다. 학생들은 이 체크리스트를 채우고 자신에 대해 새로 알게 된 것을 요약해서 적는다.

책이 출간된 이후 브레이는 교실에서 책에 실린 학습자 분석표 도구를 사용해 본 교사들과 작업을 했다. 피드백과 후속 연구를 거쳐, 최근 브레이는 학습자 분석표 도구를 보편적 학습 설계Universal Design for Learners: UDL와 학습의 '이유'를 성찰하는 방향으로 업데이트했다(Bray, 2019). 새로운 학습자 분석표 도구는 사이트 bit.ly/BBlearnerprofile에서 확인할 수 있다(QR코드를 스캔해도 된다).

학습자 분석표
도구

## 자기 조절

지금쯤 이런 생각이 들 것이다. "내가 가르치는 아이들이 주인 의식을 가질 준비가 되어 있지 않다면 어떡하지? 아이들이 감당하지 못한다면?"

아주 작은 것에서부터 시작해도 된다는 걸 기억하자. 학생들이 교실에서 일어나는 모든 일에 통제권을 가질 필요는 없다. 학생들이 주도성에 대해 배워 가며 차츰 학생 주도성을 발전시키고 성장할 수 있게 비계를 놓아도 좋다. 스스로를 통제하고 학습과 과제에 대해 책임을 지는 법을 가르쳐 주지 않는다면 학생들이 어떻게 배울 수 있겠는가?

자기 조절이란 선택하고자 하는 것이 설령 다른 선택지에 비해 썩 내키지 않더라도 최대 이익을 가져다주는 방향으로 의사를 결정하는 능력이다. 이것은 중요한 삶의 기술이자 어른으로 성장했다고 말할 수 있는 핵심적인 자질이다. 나는 자기 조절 능력이 있기 때문에 제시간에 출근한다. 가끔은 참석하기 싫은 미팅에도 간다. 매일 아침 식사로 맛있는 컵케이크를 먹지 않는 이유이기도 하다. 나를 말리는 사람은 없지만 아침마다 컵케이크를 먹는 것이 나의 건강에 좋지 않다는 걸 알기 때문이다.

아이들이 핼러윈의 밤에 집집마다 돌아다니며 받은 사탕이 가득 든 커다란

자루를 본 적이 있다면, 아마도 대부분의 사람들이 처음부터 자기 조절에 능숙하지는 않음을 알게 될 것이다. 같은 이유로, 학생 모두가 '준비'될 때까지 기다렸다가 통제권을 줄 수는 없다. 학생들이 준비할 수 있도록 교사가 도와줘야 한다. 반복해서 말하고, 다양한 미니 레슨을 제공하고, 때로는 학습에 있어서 좋은 결정을 한다는 것이 어떤 의미인지에 대해 학생에게 몇 번이고 말해 주어야 한다. 항상 쉽지는 않겠지만, 끊임없이 그렇게 하는 것이 중요하다. 우리에게는 문제에 대한 창의적인 해결책을 요구하는, 아직은 존재하지 않는 미래의 직업을 맞닥뜨리게 될 학생들이 자기 주도적인 학습자가 되도록 도와야 할 중대한 책임이 있고, 기회도 있다. 이를 위해 먼저 학생들이 스스로를 통제하고, 자신이 열정을 가진 학습에 적극적으로 참여하고, 목표를 설정하고, 목표를 향한 진전 과정을 분석하도록 가르쳐야 한다.

## 2장의 핵심 내용

이 장의 중요한 내용을 교육자 대상 국제교육기술협회 성취기준과 대응하여 제시하면 다음과 같다.

- 성공적인 블렌디드 학습을 이루는 요소 중 하나는 학생 주도성이다. (교육자 5a, 6a)
- 학생 주도성은 학생이 학습에 흥미를 가지고 의미 있게 관계되어 주도적으로 학습이 이루어질 때 작동한다. 보통 이것을 '발언권과 선택권'으로 간주한다. (교육자 5a, 6a, 7a)
- 차별화된 학습에서는, 교사가 학생들의 성취를 위해 학습 활동을 수정하고 변화시킨다. 개인화 학습에서는, 학생이 자신의 성취를 위해 학습 활동을 수정하고 변화시킨다. (교육자 5a, 6a, 7a)
- 학생들에게 학습의 선택권을 주는 것은 매우 중요하지만 그러한 선택권을 잘 구조화해서 학생들이 부담을 느끼지 않게 해야 한다. (교육자 1c, 5a, 6a, 7a)
- 학생들은 학습할 때 발언권을 가져야 한다. 학생이 학습 속도, 방법, 시간, 장소에 대한 통제권을 가지고 있을 때 학생 주도성을 경험할 수 있다. (교육자 5a, 6a, 7a)
- 성공적인 블렌디드 학습이 이루어지는 교실은 학업 성취와 참여도 둘 다에 대한 데이터에 크게 의존한다. 교사는 학생들이 자신의 학습에서 최적의 결정을 하는 데 자신의 데이터를 활용하도록 가르쳐야 한다. (교육자 6a, 7c)

## 더 생각해 보기

2장을 읽고, 자신의 수업에서 이 장의 아이디어를 어떻게 적용할 수 있을지 다음의 질문을 통해 생각해 보자.

- 학생 주도성이나 개인화 학습에 대해 잘못 알고 있는 것이 있는가? 이 장을 읽은 뒤 생각이 바뀌었는가?
- 자신의 수업 중 개인화된 측면은 어느 부분인가? 학생들에게 더 많은 주도성을 부여하고 싶은 영역은 어디인가?
- 현재 가르치는 학생들과 일반적인 학기 중의 모습을 떠올려 보자. 하루 또는 한 학기에 걸쳐 학생 주도성이 잘 작동하는 측면은 어느 부분인가? 학생들에게 학습 속도, 방법, 시간, 장소에 대한 통제권을 줄 수 있는 부분은 어디인가?
- 어떤 방식으로 학생들의 참여도와 자기통제 기술을 측정할 수 있는가?

여러분이 더 생각한 내용을 해시태그 #PerfectBlendBook을 달아 온라인에 공유하자.

**차별화와 블렌디드 교실**

**이 장의 목표**

- 스테이션 순환 모형의 기본적인 특성과 변형 모형을 이해한다.
- 스테이션 순환을 사용하여 학습을 차별화하는 아이디어를 얻는다.
- 스테이션에 적용할 아이디어와 서식을 탐색하여 수업에 도입한다.
- 스테이션 순환을 사용한 수업 또는 차시를 계획하는 데 필요한 도구를 얻는다.

## 국제교육기술협회 성취기준

다음은 이 장에 해당하는 교육자 대상 국제교육기술협회 성취기준이다.

3. 시민

교육자는 학생들이 디지털 세계에 긍정적으로 기여하고 책임 있게 참여하도록 격려한다.

a. 학습자가 긍정적이고 책임감 있게 사회에 기여하는 경험을 만들고 온라인에서 사회적 관계를 형성하는 공감적 행동을 보여 준다.

5. 설계자

교육자는 학습자의 다양성에 맞추어, 실제적이고 학습자 주도적인 활동 및 환경을 설계한다.

a. 디지털 기술을 사용하여 독립적인 학습을 촉진하고 학습자의 특징과 필요에 적합한 학습 경험을 창조, 적용하고 개인화한다.

b. 성취기준에 따라 학습 활동을 설계하고, 적극적이며 깊이 있는 학습을 극대화하기 위해 디지털 도구와 자료를 사용한다.

c. 학습을 지원하는 혁신적인 디지털 학습 환경을 만들기 위해 교수 설계 원리를 탐색하여 적용한다.

6. 촉진자

교육자는 디지털 기술을 활용한 학습을 촉진하여 학생을 대상으로 한 2016 국제교육기술협회 성취기준을 성취할 수 있도록 학생들을 지원한다.

a. 학생들이 자신의 학습 목표와 학습 결과에 주인 의식을 가지고 개별적으로 또는 그룹을 이루어 학습할 수 있는 문화를 증진한다.

b. 디지털 플랫폼, 가상 환경, 메이커스페이스나 실제 현장에서 이루어지는 디지털 기술 사용 및 학생의 학습 전략을 관리한다.

## 스테이션 순환 모형의 기초

블렌디드 학습을 시작하고자 하는 교사들에게 스테이션 순환 모형은 좋은 출발점이다. 학생들은 교사가 짜 준 그룹으로 나뉘어 지정된 시간에 따라 스테이션을 이동한다(그림 3.1). 스테이션 중 하나는 모둠 활동에 할당되어야 하고, 하나는 온라인 학습 형태를 포함해야 한다.

많은 교사가 매일 이루어지는 수업 중 일부를 스테이션 방식으로 진행하는 데는 이미 익숙하다. 수업 일부를 스테이션 방식으로 진행하는 교사들은 이미 블렌디드 학습에 근접해 있다고 할 수 있다. 사실 자신도 모르게 이미 블렌디드 학습을 하고 있을지도 모른다!

이러한 형태의 수업이 블렌디드 교실을 만드는 데 좋은 출발점이 되는 이유는 교사가 제공하는 통제와 구조화의 수준 덕분이다. 블렌디드 학습 중 스테이션 순환 모형은 통제의 방향키가 교사에게 있다는 점에서 본질적으로 개인화된 모형은 아니지만 지도 방식을 차별화하는 데 뛰어나고, 어쩌면 그것이 여러분의 교실에 꼭 필요한 일일지도 모른다. 이 모형은 또한 학생들의 늘어난 발언권과

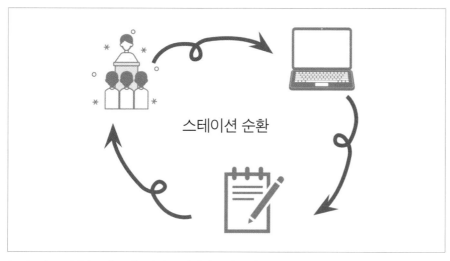

[그림 3.1] 스테이션 3개로 이루어진 스테이션 순환 모형 예시.

선택권을 수업 구조에 더 쉽게 도입할 수 있도록 만들어 주는 디딤돌로써 유용하게 사용될 수 있다.

### 스테이션 개수 정하기

스테이션 순환의 기본 설정을 구성하기 위해, 먼저 스테이션을 몇 개 만들지 정해야 한다. 개수는 전적으로 개인 취향의 문제이다. 어떤 과제가 수행되어야 하는지, 그룹 하나의 크기가 어느 정도였으면 하는지, 각 스테이션에 얼마나 오래 머무르게 할지 등 여러 가지 요인에 따라 달라진다. 스테이션을 두 개만 만들 수도 있고, 만들고 싶은 만큼 만들 수도 있다. 하지만 스테이션 중 하나는 모둠 활동에 배정되어야 하기 때문에 대면으로 한 번에 몇 명을 가르치고 싶은지 고려해야 한다. 수업하고 싶은 인원수에 따라 그룹을 나눈다면, 그 시간을 최대한 활용하기 위해 스테이션이 몇 개나 필요한지 결정할 수 있다.

### 스테이션 할당 시간

모둠은 각자 모여 스테이션을 옮겨 다니는데, 교사는 누가 어떤 그룹에 속할지, 어떤 그룹이 어디에서 시작할지, 스테이션에 얼마나 오래 머무를지, 언제 다음 스테이션으로 이동할지 결정한다. 반 전체가 교사가 짠 시간표대로 움직이는 것이다. 다음 스테이션으로 이동하기 전까지 학생들이 스테이션에 얼마나 머무를지는 전적으로 교사의 결정에 달렸다. 각 스테이션의 할당 시간을 정하는 전략 가운데 하나는 수업 전체 시간을 스테이션 개수로 나누는 것이다. 그 결과에 따라 각 스테이션을 조정해서 과제를 끝마칠 수 있는 충분한 시간을 배분한다.

그러나 스테이션을 꼭 수업 한 차시나 하루 안에 끝나도록 운영해야 하는 것은 아니다. 수업을 개선하기 위해 의도에 맞게 온라인 학습을 활용하기만 한다면 블렌디드 학습을 올바르게 진행하기 위한 깐깐한 규칙 같은 건 없다. 모둠 활동을 의미 있게 만들기 위해 또는 디지털 수업을 완료하기 위해 더 긴 시간이 필요하다면 스테이션을 운영하는 시간을 이틀 정도로 늘릴 수도 있다. 어쩌면 모든 스테이션을 도는 데 일주일이 걸릴 수도 있다. 그래도 상관없다!

교사가 각 스테이션에 어느 정도의 시간을 할당하든 간에 중요한 것은 의미 있는 모둠 활동을 하는 것이며, 모둠 외의 활동에서 보내는 시간을 단순히 과제를 끝내는 것이 아니라 학습을 하는 데 쓰는 것이다. 그러한 목적을 달성하기 위해 어느 정도의 시간이 필요한지 계산해 보고, 학생들에게 적합한 시간표도 만들어 보자.

## 그룹 구성하기

반 학생들을 스테이션에 따라 그룹으로 나누는 것은 차별화를 할 수 있는 아주 좋은 기회이다. 이 형태의 블렌디드 학습에서는 교사인 여러분이 학습 속도와 학습 활동을 설정하기 때문에 그룹에 따라 학습 활동을 개별화할 수 있다. 각 스테이션에서 모든 학생이 동일한 학습 활동을 하도록 결정할 수도 있고, 그룹에 따라 각기 다른 과제와 수업을 구성할 수도 있다.

만일 차별화를 위해 학생들을 그룹 지으려 한다면, 고정된 능력에 따르기보다는 유연하게 그룹 짓기를 강력하게 권한다. 그룹 구성과 관련해서는 더럼Durham대학교의 스티브 히긴스Steve Higgins 교수와 그의 동료들이 다양한 연구를 요약하여 발간한 교육 툴키트를 참고해 볼 만하다(Higgins, Kokotsaki, & Coe, 2012). 이 툴키트에서 히긴스와 동료들은 학생들을 한 교실 안에 또는 각 교실에 능력별로 나누어 배치하는 것은 효과가 없거나 심지어 부정적인 효과를 야기하는데, 사회경제적 배경이 낮거나 학업 능력이 저조한 학생들에게 특히 부정적인 영향을 준다고 밝혔다. 히긴스가 이끄는 팀은 고정된 능력에 따라 학생들을 그룹 짓는 것이 학생들로 하여금 낮은 기대를 갖게 하고, 성취는 고정되어 바뀔 수 없다는 생각으로 덜 노력하게 만든다고 말했다. 또한 낮은 성취 그룹에 속한 경우 스스로를 그 정도 수준이라고 규정함으로써 자존감을 떨어트린다는 사실을 발견했다.

---

## 스테이션 순환을 위한 완벽한 블렌디드 학습 찾기

로렌스 E. 분Lawrence E. Boone초등학교의 5학년 교사 다이앤 존슨Diane Johnson은 블렌디드 학습을 특히 수업을 개별화시키는 방향으로 발전시킨 좋은 사례를 보여 준다. 다이앤이 학생들에게 무엇이 필요한지를 관찰하면서 사용한 스테이션 순환 구조는 자연스럽게 교실에 맞는 '완벽한 블렌디드 수업'으로 변모하기 시작했다.

다이앤은 스테이션 세 개를 사용하는 스테이션 순환 모형으로 혼합형 교실을 만들었다. 이때 다이앤은 학생들에게 더 많은 자율성을 주기 위해 스테이션 순환 모형을 수정하기 시작했는데, 이러한 방식을 몇 번 반복하고 나자 수업 구조 일부를 전통적인 스테이션 순환 방식으로 유지하면서도 학생들에게 학습에 대한 주인 의식과 유연성을 제공하는 것이 가능하다는 사실을 발견했다. 다이앤이 스테이션 순환 모형을 수정한 방식에 대해 자세한 내용을 알고 싶다면, 사이트 bit.ly/DJsta-tionrotation에 접속해서 제니 화이트Jenny White의 기사 "초등학교 교실의 유연성Flexibility in an Elementary Classroom"을 살펴보기 바란다.

존슨의 스테이션
순환

다이앤의 교실에서 일어난 변화에 대해 읽으면서, 여러분의 교실에서는 스테이션 순환 모형의 어떤 측면이 잘 작동하고 있으며 어떤 부분은 개선이 필요한지 생각해 보자.

---

반면, 고정된 능력이 아닌 상황에 따라 유연하게 그룹을 짓는 것은 학습에 긍정적인 영향을 준다. 켈리 푸지오Kelly Puzio와 글렌 콜비Glenn Colby는 교실 내에서 유연하게 그룹을 짓는 것에 대한 메타 분석을 실시했다(Puzio & Colby, 2010). 켈리 푸지오와 글렌 콜비는 진정으로 유연한 그룹의 경우 읽기 수업에서 학생들이 커다란 진전과 성장을 이룬다는 것을 발견했다. 핵심은 영속적인 그룹이나 반semi영속적인 그룹을 만들지 않는 것이다. 처음에는 전반적인 수행 결과가 아닌 능력에 기반하여 그룹을 만드는 것이 좋지만 지속적인 평가를 통해 다음 수업으로 넘어갈 때마다 그룹도 바뀌어야 한다. 블렌디드 환경은 이것이 가

능하도록 교사들이 모둠 활동과 온라인 평가로부터 많은 데이터를 얻을 수 있게 한다.

학생들의 숙달 수준에 따라 그룹이 지어진다면, 각 스테이션에는 학생의 고유한 필요에 기반한 다양한 과제를 배정할 수 있다. 스테이션의 과제에 해당 그룹의 이름을 붙이거나 숫자를 적으면 과제를 구분할 수 있고, 모둠에 따라 학습을 차별화하는 데에 교사의 통제권이 커질 수 있다.

때로는 능력에 따라 그룹을 짓기보다 다양한 수준의 학생들을 섞어 구성하면 모든 학생들이 높은 기대를 가질 수 있고 서로에게서 배울 기회를 얻을 수도 있다. 타당한 주제라면 관심사에 따라 학생들을 그룹 지을 수도 있다. 또 학생들이 스스로 알아서 그룹을 짓도록 하는 것이 수업 내용에 따라 적절할 수도 있고, 만일 그렇다면 그렇게 하지 않을 이유도 없다. 이렇듯 그룹을 지을 때에는 개인화의 측면을 반드시 고려해 보기를 권한다. 학생들이 스스로의 학습을 성찰하고 스테이션 몇 군데 또는 스테이션 전체에서 선택권을 갖도록 하는 것이다.


## 스테이션 순환 모형의 변형

스테이션을 하루 이상 유지하는 것 외에도 전통적인 스테이션 순환 모형을 변형해서 시도해 볼 수 있는 몇 가지 방법이 있다. 여러분과 학생들에게 가장 잘 맞는 모형으로 자유롭게 변형해 보자.


### 스테이션에 머무르는 시간을 다르게 구성하기

스테이션 순환 모형을 변형하는 방법 가운데 하나는 각 스테이션에 머무르는 시간을 다르게 만드는 것이다. 모든 스테이션이 동일한 지속 시간을 갖게 하지 않고도 시간표에 맞게 스테이션이 운영되도록 구성할 수 있다.

예를 들어 스테이션이 세 개라면 스테이션 하나는 길게, 다른 두 개는 각각 절반씩 시간을 사용하게 구성할 수 있다. 스테이션 모형을 사용한 수업 시간이 총 1시간이라고 가정해 보자. 스테이션 하나는 30분, 나머지 두 개는 각각 15분이 될 것이다. 그런 다음 반을 두 그룹으로 나누면 된다. 한 그룹은 30분짜리 스테이션으로(이 스테이션에서 교사가 지도를 하거나 온라인 학습을 배정할 수 있다), 다른 그룹은 다시 둘로 찢어져 각각 15분짜리 스테이션으로 간다. 15분 뒤에 작은 그룹 둘은 서로 맞바꾸고, 큰 그룹은 그대로 머무른다. 30분이 되면 둘로 찢어졌던 그룹은 모여서 30분짜리 스테이션으로 가고, 기존의 큰 그룹은 둘로 찢어진다(그림 3.2).

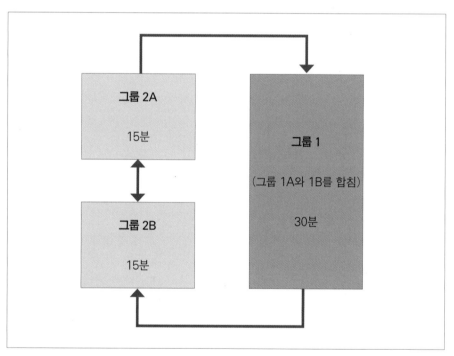

[그림 3.2] 지속 시간이 서로 다른 스테이션을 만드는 예시.

## 학생의 속도에 맞춘 스테이션

전통적인 스테이션 순환 모형을 실행하면서 여러분은 각각의 과제를 마치는 데 필요한 시간이 학생마다 다르다는 것을 깨달았을지도 모른다. 이 문제를 해결하기 위해 학습을 차별화하거나 활동을 추가할 수도 있지만, 스테이션의 고정된 시간 속성을 변형하는 방법도 생각해 볼 수 있다.

만일 시간이 고정된 스테이션이 여러분이 원하는 만큼의 유연성과 자유를 학생들에게 보장해 주지 못한다면, 그때는 학생의 속도에 맞춘 스테이션을 운영해 볼 수 있다. 이 변형 모형에서는 모든 학생이 설정된 타이머에 따라 같은 시각에 이동하지 않고, 현재 스테이션에서 과제를 다 끝마친 후에 다음 스테이션으로 이동한다.

이렇게 하려면 과제를 수행하는 다른 학생들을 방해하지 않고 스테이션을 이동하는 방법에 대한 명확한 예측이 필요하다. 또한 학생들이 각자의 속도로 이동하는 상황에서도 협력 학습의 기회를 포착할 수 있어야 한다. 특정한 종류의 블렌디드 학습을 실행하기 위해 협력 학습의 기회를 포기해서는 안 되기 때문이다.

## 하루에 한 스테이션

학생들이 각 스테이션에서 더 집중하여 시간을 보내기를 원한다면 스테이션을 하루에 하나씩만 운영하는 방법도 있다. 예를 들어 스테이션이 총 세 개라면 학생들은 사흘 동안 매일 다른 스테이션에 머무른다. 이 전략은 학생들이 각 스테이션에 더 많은 시간을 쏟게 하고, 스테이션을 이동하는 시간을 절약한다.

이 변형 모형은 모둠 활동을 하나의 스테이션으로 만드는 대신, 그룹을 형성하는 데 있어 많은 유연성을 제공한다. 다시 말해 각각의 스테이션에서 학생들을 뽑아 모둠을 형성할 수 있다. 교사와 함께하는 시간을 순환의 일부로 배정하지 않는다면, 전부 같은 그룹에 속한 학생들로만 모아 지도할 필요가 없기 때문이다.

### 매일 다른 스테이션

담당 학급이나 과목에 스테이션 순환 구조를 설계하기로 결정했다면, 매일 같은 스테이션을 운영할 필요는 없다. 스테이션의 수, 유형, 또는 교사의 역할을 매일 다르게 설계할 수도 있다. 예를 들어, 한 주의 첫 번째 날에는 블렌디드 학습 없이 그룹 지도만 진행하는 것이다. 아니면 특정한 날을 정해 학생의 목표를 설정하거나 학생 회의를 열 수도 있다.

특정한 교실에서 요구되는 상황을 고려하되, 구조화되어 적용하기 어려운 한 가지의 블렌디드 학습 유형에 갇히지 않는 것이 좋다. 구조화된, 어쩌면 전통적이라고도 할 수 있는 스테이션 순환 모형으로 시작하는 것도 한 방법이다. 그것에 익숙해지고 나면 모형의 어떤 점이 잘 작동하고 어떤 점이 교실에 맞지 않는지 확인한 후, 학생들에게 알맞은 방식으로 수정하여 다시 시작할 수도 있다.

어떠한 방식으로 스테이션 순환 모형을 실행하든, 그것을 자신의 것으로 만들기 바란다. 동료 교사나 보조 교사가 한 교실에 있어서 유연성을 확보할 수 있다면, 그 교사들과 함께 모형의 경직성을 없애는 방법도 좋다. 고정된 시간이 충분하지 않다면 학생들을 위해 보충 설명이나 추가 지원을 하는 것도 얼마든지 가능하다.

## 스테이션 순환 수업 계획하기

스테이션 순환에 사용할 스테이션 개수와 그룹 수를 정했다면, 이제 본격적으로 블렌디드 수업을 구성해 볼 차례이다. 어떤 활동을 도입할지 고민이 된다면, 제일 먼저 학생들의 참여 방식을 고려하기 바란다. 스테이션 중 몇 개를 온라인에, 몇 개를 오프라인에 배정할 것인가? 협업 과제와 독립 과제는 어떤 비율로 구성할 것인가? 활동적인 과제와 정적인 과제의 비율은 어떻게 할 것인가? [5]

## 스테이션 아이디어

학생들이 교사와 대면으로 수업을 듣거나 온라인 학습을 하고 있지 않을 때는 스테이션에서 무엇을 하고 있어야 할까? [표 3.1]은 블렌디드 교실에 도입할 '학습 스테이션에 사용할 수 있는 아이디어'를 제공하는데, 상당수는 디지털 기술 없이도 쉽게 사용할 수 있다. 블렌디드 학습의 목표가 학생들을 화면 앞에 하루 종일 앉아 있게 하는 것이 아니라는 사실을 기억하자. 디지털 학습은 전체 전략 가운데 하나의 구성 요소일 뿐이다. (2부에서는 참여를 이끌어 내고 효과적인 온라인 학습을 만드는 방법에 대해 논의할 것이다.)

[표 3.1] 학습 스테이션에 사용할 수 있는 아이디어.

| 스테이션 아이디어 | 도구/전략 |
| --- | --- |
| 듣기/녹음하기 | • 오디오북<br>• 팟캐스트<br>• 플립그리드[5] |
| 토의 | • 대화 카드를 사용해 오프라인으로 토의하기<br>• 토의 게시판 |
| 쓰기 | • 온라인 협업 문서(구글 독스, 마이크로소프트 워드 온라인)<br>• 쓰기 전 도해 조직자 작성하기<br>• 스토리보드(StoryboardThat.com) |
| 능동적인 읽기 | • 독후 활동<br>• 온라인 협업 문서로 주석 달기(문서에 본문을 붙여 넣기 하고 강조 표시와 댓글 기능을 이용해 주석 달기)<br>• 노트 필기 |

.............

5  마이크로소프트사에서 만든 영상 촬영·공유 및 토의·토론 애플리케이션으로, 교사가 제시한 주제에 대해 학생들이 자유롭게 영상을 올리고 토의할 수 있다.

| 스테이션 아이디어 | 도구/전략 |
| --- | --- |
| 어휘 | • 도해 조직자<br>• 낱말 카드(Quizlet.com) |
| 설계/메이커스페이스 | • 존 스펜서John Spencer의 학생들을 위한 도전 과제Maker Challenges for Students(bit.ly/JSmaker)<br>• 열정 프로젝트Passion projects |
| 복습 자료 | • 복습 게임 및 활동<br>• 나선형 복습 및 연습 |
| 스캐빈저 헌트 및 활동적인 학습 | • QR코드로 하는 스캐빈저 헌트[6]<br>(Flipgrid.com)(classtools.net/QR에 접속)<br>• 디지털 방 탈출(breakoutedu.com/digital) |
| 독서 모임 | • 그룹별 소설 공부 |
| 연구 | • 프로젝트 연구<br>• 학생 발표 |

스테이션은 각각 독립적인 특성을 갖기 때문에 스테이션마다 명료한 안내를 남겨 두는 것이 중요하다. 특히 스테이션을 운영하는 동안 다른 어른의 도움이 주어지지 않는다면 이러한 안내가 더욱 중요하다. 학생들에게 글로 된 자료로 설명할지(그것이 온라인인지 오프라인인지) 혹은 녹음된 음성으로 설명할지 고려해 보기 바란다. 스테이션을 시작하기 전에 교실 전체를 대상으로 한 차례 설명을 했더라도 학생들이 참고할 수 있도록 각각의 개별 스테이션에 목록으로 깔끔하게 정리된 설명을 준비하는 것이 좋다.

스테이션 순환 모형을 사용해서 블렌디드 수업을 설계하는 데 [그림 3.3]에 있는 수업 설계 서식을 활용할 수 있다. 이 서식은 각 스테이션에서 학생들이 수

·············

6  보물찾기와 비슷하지만, 상품이 적힌 쪽지가 아니라 물건을 찾는 게임이다. 찾아야 하는 물건에 대한 힌트가 적힌 문제지를 받고 문제를 푼 다음, 해당하는 물건을 찾는다.

행했으면 하는 학습 활동의 종류를 균형 있게 설계하는 데에도
도움이 된다. 서식을 내려받으려면, QR코드를 스캔하거나 사
이트 bit.ly/PBstationplan에 접속하면 된다.

스테이션 순환
계획 도구

### 수업

| 날짜: | 주제: | 학습 목표: |
|---|---|---|
| | | |

### 그룹

| 그룹 1: | 그룹 2: | 그룹 3: | 그룹 4: |
|---|---|---|---|
| | | | |

### 스테이션

| 학습 활동 및 자료 | 지도 사항(인쇄물 또는 온라인에 게시) | 방식 | 상호작용 |
|---|---|---|---|
| 스테이션 1: | | ☐ 온라인<br>☐ 오프라인 | ☐ 각자<br>☐ 짝 활동<br>☐ 모둠 |
| 스테이션 2: | | ☐ 온라인<br>☐ 오프라인 | ☐ 각자<br>☐ 짝 활동<br>☐ 모둠 |
| 스테이션 3: | | ☐ 온라인<br>☐ 오프라인 | ☐ 각자<br>☐ 짝 활동<br>☐ 모둠 |
| 스테이션 4: | | ☐ 온라인<br>☐ 오프라인 | ☐ 각자<br>☐ 짝 활동<br>☐ 모둠 |

[그림 3.3] 스테이션 순환 계획 도구는 학습 활동을 균형 있게 설계하도록 돕는다.

## 협업과 상호작용 계획하기

위의 스테이션 순환 계획 도구에서 가장 중요한 부분은 바로 '상호작용'이다. 상호작용은 블렌디드 학습 경험을 설계할 때 어떤 모형에서든지 간과하기 쉬운 부분이다. 다음 사례를 살펴보자.

### 관찰 대 경험

몇 년 전 가상 학습 및 블렌디드 학습 콘퍼런스에 참가했을 때의 일이다. 한 중학교 교장 선생님이 자신이 근무하던 학교가 완전한 블렌디드 모형으로 수업을 전환하는 과정에서 벌어진 이야기를 들려주었다. 어느 날 학교를 둘러보던 교장 선생님은 여러 교실에서 학생들이 과제에 집중하고 참여하는 모습을 보고는 굉장히 감동하였다. 특히 한 교실이 인상적이었는데 교사는 참여형 수업을 하며 유연하게 구성된 모둠을 지도하고 있었고, 학생들은 각자 개별화된 온라인 수업을 듣고 있었다. 학생들은 각자 다른 내용을 학습하면서 각자의 속도에 맞추어 진도를 나가고 있었다. 학생 한 명 한 명이 적절한 수준에서 학습에 몰두하는 것으로 보였다.

무척이나 자랑스러웠던 교장 선생님은 그 모습을 사진으로 찍고 즉시 같이 일하던 자문위원에게 메일을 보내 자신이 본 것을 공유하고 감사를 표했다. 그런데 곧 답장을 받은 교장 선생님은 크게 당황했다. 자문위원 한 사람이 자신의 눈에 보인 긍정적인 점에 대해 말하는 동시에 교장 선생님에게 도전 과제를 던진 것이다. 그 자문위원은 교장 선생님에게 다른 날 그 교실에 다시 돌아가서 학생 한 명을 골라 그 옆에 앉아 있어 보라고 권했다. 한 학생의 하루를 지켜보라는 것이었다.

그래서 교장 선생님은 이삼일 뒤에 다시 그 교실로 가서 한 학생 옆에 앉았다. 그 학생과 한 차시 내내 같이 앉아 있던 교장 선생님은 한 가지 걱정이 생겼다. 그 학생은 수업 시간 내내 누구와도 상호작용하지 않았던 것이다!

학습은 사회적이다

학습은 사회적이라서, 과제를 해결하는 것만으로는 충분하지 않다. 과제를 해결하는 과정에서 학습이 이루어진다 해도 말이다. 물론, 개별적인 과제도 쓰임새가 있다. 그러나 학생들은 과제를 해결하는 과정에서 고립되기 쉬운데, 특히 블렌디드 환경에서는 더욱 그렇다. 개별화된 온라인 수업을 위해 다른 사람과의 상호작용 기회를 없애는 것은 바람직하지 않다. 학생들이 순응하고 조용히 과제를 하는 것이 성공의 우선순위가 되어서는 안 된다. 학생들이 스테이션에 머무르는 동안(또는 여러분이 선택한 어떤 블렌디드 모형에서든) 다른 사람들과 의미 있는 방식으로 교류할 수 있는 기회를 얻도록 충분히 주의를 기울여야 한다. 협업은 온라인에서도 오프라인에서도 일어날 수 있다는 점에 유의하자.

## 3장의 핵심 내용

이 장의 중요한 내용을 교육자 대상 국제교육기술협회 성취기준과 대응하여 제시하면 다음과 같다.

- 스테이션 순환 모형에서는 학생들이 교사가 짠 그룹대로, 정해진 시간 동안 스테이션을 옮겨 다닌다. 스테이션 중 하나는 모둠 활동이어야 하고, 스테이션 중 하나는 온라인 학습 형태를 포함해야 한다. (교육자 5c, 6b)
- 스테이션 순환을 계획하는 첫 단계 중 하나는 그룹 수, 스테이션 개수, 각 스테이션에 머무르는 시간을 정하는 것이다. (교육자 6b)
- 스테이션 순환 모형의 정의에 집착할 필요는 없다. 학생들의 필요에 따라 자유롭게 수정해도 좋다. (교육자 5a, 5c)
- 학생들이 교사와 대면 수업을 진행하고 있지 않은 시간에 협력 학습을 경험할 수 있도록 주의를 기울이자. 스테이션 모형을 비롯해 어떤 블렌디드 학습 활동이라도 다른 사람들로부터 완벽하게 독립된 상태에서 이루어져서는 안 된다. (교육자 3a, 5b)
- 이 장에서 공유된 서식 및 자원은 자신만의 스테이션 순환 수업을 계획하는 데 얼마든지 활용할 수 있다. (교육자 5a, 5b, 6a, 6b)

## 더 생각해 보기

3장을 읽고, 자신의 수업에서 이 장의 아이디어를 어떻게 적용할 수 있을지 다음의 질문을 통해 생각해 보자.

- 학생들과 같이 해 볼 수 있는 스테이션 순환 아이디어를 간단히 적거나 그려 보자. 그룹은 몇 개나 만들 것인가? 어떤 종류의 스테이션을 사용할 것인가? 학생들은 각 스테이션에 얼마나 오래 머무를 것인가?
- 전통적인 스테이션 순환 모형을 어떻게 변형하고 싶은가? 그 이유는 무엇인가?
- 이 모형의 장점은 무엇이고, 단점은 무엇인가?

여러분이 더 생각한 내용을 해시태그 #PerfectBlendBook을 달아 온라인에 공유하자.

# 블렌디드 교실에 개인화 학습 적용하기

**이 장의 목표**

- 개인화와 차별화의 차이점을 재검토한다.
- 블렌디드 학습을 성취하기 위한 도구로 플레이리스트, 선택판, 체크리스트 사용을 고려하며, 플렉스 모형과 그 변형 모형을 탐색한다.
- 스테이션 순환과 플렉스 모형을 혼합한 방법이 일부 교실에서 어떻게 최상의 결과를 만들어 낼 수 있을지 생각해 본다.

## 국제교육기술협회 성취기준

다음은 이 장에 해당하는 교육자 대상 국제교육기술협회 성취기준이다.

5. 설계자

교육자는 학습자의 다양성에 맞추어, 실제적이고 학습자 주도적인 활동 및 환경을 설계한다.

a. 디지털 기술을 사용하여 독립적인 학습을 촉진하고 학습자의 특징과 필요에 적합한 학습 경험을 창조, 적용하고, 개인화한다.

b. 성취기준에 따라 학습 활동을 설계하고, 적극적이며 깊이 있는 학습을 극대화하기 위해 디지털 도구와 자료를 사용한다.

c. 학습을 지원하는 혁신적인 디지털 학습 환경을 만들기 위해 교수 설계 원리를 탐색하여 적용한다.

6. 촉진자

교육자는 디지털 기술을 활용한 학습을 촉진하여 학생을 대상으로 한 2016 국제교육기술협회 성취기준을 성취할 수 있도록 학생들을 지원한다.

a. 학생들이 자신의 학습 목표와 학습 결과에 주인 의식을 가지고 개별적으로 또는 그룹을 이루어 학습할 수 있는 문화를 증진한다.

b. 디지털 플랫폼, 가상 환경, 메이커스페이스나 실제 현장에서 이루어지는 디지털 기술 사용 및 학생의 학습 전략을 관리한다.

7. 분석가

교육자는 데이터를 이해한 후 학생들을 지도하고 학생들의 학습 목표 달성을 지원한다.

a. 학생들의 역량을 입증할 수 있는 대안적인 방법을 제공하고, 디지털 기술을 사용하여 스스로 학습을 성찰할 수 있게 한다.

b. 학습자의 요구를 충족시키며 적시에 피드백을 제공하고 안내하기 위해 다양한 형성평가와 총괄평가를 설계하고 이를 시행하기 위한 기술을 사용한다.

## 개인화의 구조로서 블렌디드 학습

개인화 학습과 블렌디드 학습은 종종 같은 용어인 것처럼 사용되는데, 특히 개인화를 촉진하고자 하는 소프트웨어 회사의 경우 그렇다. 하지만 블렌디드 학습은 개인화가 일어날 수 있는 '구조'일 뿐이다.

예를 들어, 블렌디드 학습에서 사용되는 스테이션 순환 모형은 학생들 개개인의 필요를 충족하기 위한 교사의 개별화된 지도가 가능하다는 점에서 차별화에 뛰어나지만, 본질적으로 개인화된 모형은 아니다. 스테이션 순환 모형에서는 학생들이 대부분의 학습에서 주인이 되지 못한다. 학생들에게 학습에 대한 자율성을 주고 싶다면, 블렌디드 학습 중 플렉스 모형을 시도해 보기를 권한다.

플렉스 모형은 학생들이 다양한 활동을 하고, 그 활동 가운데 하나가 온라인 학습이라는 점에서 스테이션 순환 모형과 비슷하다. 그러나 플렉스 모형이 좀 더 학생 중심의 결정에 의해 주도된다는 점에서 차이가 있다. 학생들은 더 이상 고정된 시간표와 교사가 짜 주는 고정된 그룹에 따라 활동에서 활동으로 옮겨 다니지 않는다. 또한 학생들은 학습 활동의 순서, 속도, 활동, 또는 세 가지 전부에 대한 결정권을 일부 갖는다. 플렉스 구조를 사용하는 교사 대다수는 유연한 좌석 형태를 도입해서, 학생들이 특정한 시간 동안 자신이 수행할 활동이나 학습 방법뿐만 아니라 교실 안에서 학습이 일어나는 장소도 결정할 수 있게 한다.

이 모든 것이 교실을 혼돈에 빠져들게 만들 것처럼 들릴지도 모르지만 그렇지 않다. 플렉스 모형에도 교사의 구조화가 포함된다. 수업을 개인화하고 학생들에게 발언권과 선택권을 주는 것이 곧 학생들이 모든 것을 선택하거나 교사에게 더는 발언권이 없다는 의미는 아니다. 단지 학생들이 교육과정, 교실, 학생들, 수업 방식 내에서 자신의 학습에 대해 어느 정도 말할 기회를 가진다는 뜻이다.

# 플렉스 모형을 실행하기 위한 도구

블렌디드 수업을 개인화하기 위해 교사들은 종종 체크리스트, 선택판, 플레이리스트 같은 것들을 사용한다. 이 도구들은 수업 목표에 따라 학생들이 여러 가지 방식으로 자율성을 발휘할 기회를 제공한다. 플렉스 모형을 실행하는 다양한 전략을 살펴보면서, 어느 면에서 학생들의 발언권과 선택권을 존중하고 싶은지 생각해 보자. 학습 시간과 속도에서? 수업 내용에서? 아니면 양쪽 모두에서 조금씩? 이 도구들은 각각 블렌디드 교실의 서로 다른 측면을 개인화한다.

특정한 서식이나 문서에 마음을 뺏기기 전에, 시간을 갖고 성찰해 보자. 구체적인 수업 내용과 학생들을 생각해 보았을 때, 학생의 역할이 어땠으면 좋겠는가? 학생들이 통제권을 가져야 할 대상은 무엇인가? 학생들이 구조화해야 할 부분은 어디인가? 다음에 제시된 체크리스트, 선택판, 플레이리스트를 더 깊이 탐색하면서 이 질문들에 대한 여러분의 생각을 정리해 보자.

## 체크리스트

플렉스 모형의 도구 중 체크리스트는 교사에게 내용에 대한 통제권을 가장 많이 부여한다. 체크리스트는 학생들이 수행해야 하는 활동으로 이루어진 목록이다. 교사는 최소한 체크리스트에 들어가는 활동 몇 개는 통제할 수 있다. 학생들에게 과제가 주어지는 것은 같지만, 각각의 과제를 진행하는 순서와 과제에 쓰는 시간은 학생들 마음이다. 학생들에게 서로 다른 목록을 주면 체크리스트를 차별화할 수도 있다.

교사는 필수 활동란과 선택 활동란을 구분해서 체크리스트의 내용에 대한 선택권을 도입할 수 있다. 체크리스트에 학생들이 고를 수 있는 선택 활동이 포함되면, 이 과제들은 일반적으로 필수 활동을 마친 뒤 수행하게 된다.

체크리스트에 선택 활동을 포함하기로 했다면, 선택 활동을 최대한 흥미롭게 만드는 것이 좋다. 추가 활동들이 내키지 않는 과제로 느껴진다면, 최소한의 요구 사항을 끝낸 학생들이 추가적인 활동에 참여할 이유가 무엇이란 말인가? 반면 선택 활동이 학생들의 흥미를 끌고 적극적으로 참여하게 만드는 활동이라면, 학생들이 필수 활동에 집중하고 참여하는 시간도 하루 또는 한 주 이상 늘어나게 될 것이다.

일일 체크리스트

체크리스트를 만들 때 고려해야 할 점 중 하나는 딱 하나의 수업에 대한 항목만 포함시키는 것이다. 매일 또는 매 수업 시간마다 학생들은 새로운 체크리스트를 받는다. 이 체크리스트들은 인쇄해서 나누어 줄 수도 있고, 디지털 형태로 제공할 수도 있다. (체크리스트가 작다면, 종이의 절반만 인쇄해서 종이를 아낄 수 있다.) 첫 시작을 돕기 위해, [그림 4.1]은 여러분이 응용해서 사용할 수 있는 서식을 제공한다. 파일을 내려받으려면 사이트 bit.ly/PBdailycheck에 접속하거나 QR코드를 스캔하면 된다.

일일 체크리스트
서식

| 체크리스트 제목과 날짜 | |
|---|---|
| **필수 활동** | **선택 활동** |
| ☐ 온라인 학습: | ☐ 선택 활동 1 |
| ☐ 활동 1 | ☐ 선택 활동 2 |
| ☐ 활동 2 | ☐ 선택 활동 3 |
| **성찰** | |
| 필수 활동을 모두 끝마쳤다.　☐ 예　☐ 아니오 | |
| 최선을 다해 열심히 활동했다.　☐ 예　☐ 아니오 | |

[그림 4.1] 일일 체크리스트를 변형해서 자신의 교실에 맞게 만들자.

## 체크리스트 제목과 날짜

### 선생님과 만나는 시간

| 월요일 | 화요일 | 수요일 | 목요일 | 금요일 |
|:---:|:---:|:---:|:---:|:---:|
| ☐ | ☐ | ☐ | ☐ | ☐ |

### 매일

|  | 월 | 화 | 수 | 목 | 금 |
|---|:---:|:---:|:---:|:---:|:---:|
| 온라인 학습 | ☐ | ☐ | ☐ | ☐ | ☐ |
| 다른 활동 | ☐ | ☐ | ☐ | ☐ | ☐ |

### 주중 활동

| | |
|---|:---:|
| 활동 1 | ☐ |
| 활동 2 | ☐ |
| 활동 3 | ☐ |
| 활동 4 | ☐ |

### 추가 활동

| | |
|---|:---:|
| 선택/흥미 있는 활동 1 | ☐ |
| 선택/흥미 있는 활동 2 | ☐ |

### 성찰

| | | |
|---|:---:|:---:|
| 필수 활동을 모두 끝마쳤다. | ☐ Yes | ☐ No |
| 최선을 다해 열심히 활동했다. | ☐ Yes | ☐ No |

[그림 4.2] 주 단위 체크리스트를 활용하면 학생들이 하루 안에 끝마쳐야 할 활동과 한 주가 끝나기 전에 마쳐야 할 활동을 같이 넣을 수 있다.

주 단위 체크리스트

체크리스트를 사용하는 일반적인 방법은 주 단위 체크리스트를 만드는 것이다. 일일 체크리스트와 마찬가지로 필수 과제와 선택 활동을 포함해서 만들수 있다. 여기에 덧붙여서 주 단위 체크리스트를 활용하면 하루 안에 끝마쳐야할 활동과 한 주 안에 끝마쳐야 할 활동을 구분할 수 있다. 여러분의 수업 계획에 적합하기만 하다면 어떤 활동이든 인쇄물이나 디지털로 된 체크리스트에 포함할 수 있다. 하지만 블렌디드 학습 환경의 일부로 간주되려면 활동 중 적어도하나는 온라인 학습 활동이어야 한다.

스테이션 순환을 계획할 때처럼 블렌디드 학습이 온라인과 오프라인 둘 다에서 이루어지도록 활동을 혼합해 보자. 그 활동들이 온라인에서 이루어지든 오프라인에서 이루어지든 간에 그것들을 협업 활동으로 할지 개별 활동으로 할지도 고려해 보자. 학생들에게 나누어 줄 체크리스트에 넣을 활동을 계획하기 위해 3장의 스테이션 순환 계획 도구를 사용하는 것까지도 고려할 수 있다.

체크리스트에 대한 아이디어가 필요하다면, [그림 4.2]에서 제시하는 서식을 응용해 보자. 파일을 내려받으려면 사이트 bit.ly/PBweeklycheck에 접속하거나 QR코드를 스캔하면된다.

주 단위
체크리스트 서식

참고하면 좋을 다른 체크리스트 서식들

체크리스트를 만들기 위해 또 다른 아이디어를 찾고 있다면, 여기 온라인으로 찾을 수 있는 멋진선택지들이 있다.

**셔플 체크리스트** 다르시 뮐러Darcy Mueller는 [그림 4.3]에 나와 있는 음악 재생 목록처럼 생긴 체크리스트를 만들었다. 체크리스트가 음악 스트리밍 애플리케이션처럼 생긴 것은 학생들이원하는 대로 활동 순서를 뒤섞을 수 있다는 사실을 강조하는 것이다(bit.ly/musicappchecklist).

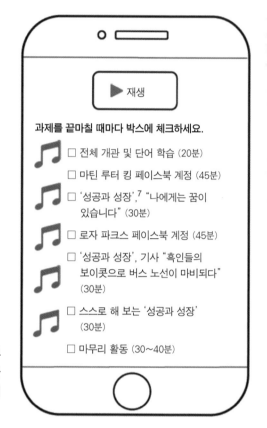

[그림 4.3] 다르시 뮐러의 셔플 체크리스트는 학생들이 원하는 순서대로 과제를 하도록 장려하기 위해 음악 재생 애플리케이션 테마를 사용한다.

**간단한 체크리스트** 체크리스트가 화려하거나 완벽할 필요는 없다. 구글 독스처럼 간단한 문서도 체크리스트를 빠르게 만들어 사용하기에 좋다. 텍사스주 시스코Cisco에 있는 시스코중학교에서 사용하는 체크리스트는 블렌디드 학습에 손쉽게 접근하는 좋은 사례이다(bit.ly/ciscocheck1).

**달력 체크리스트** 블렌디드 학습 환경을 조성할 수 있도록 맞춤형 지침을 제공하는 디에스디전문성개발DSD Professional Development회사의 마샤 키시Marcia Kish

.............

7  성공과 성장(Glow and Grow): 학습을 성찰하는 활동에 주로 사용하는 표로, 왼쪽 열에는 성공적으로 학습한 내용, 오른쪽 열에는 더 성장할 수 있는 내용을 적는다.

는 필수 활동과 선택 활동을 달력에 기반한 주 단위의 체크리스트로 만들 것을 제안한다.[8]

## 플레이리스트

플레이리스트는 체크리스트에 등급이 생긴 것과 같다. 좋은 플레이리스트는 마치 하나의 완성된 수업처럼 전반적으로 학생의 선택권을 보장하고, 단순히 학생들이 수행해야 하는 활동을 나열한 목록 이상의 역할을 한다. 플레이리스트는 반 전체를 대상으로 한 수업, 대면 지도, 온라인 학습을 결합한 것을 포함하며, 개별 학습, 협력 학습, 심지어 모둠 학습까지도 포괄한다. 플레이리스트는 하이퍼 문서와 상당히 유사한데, 하이퍼 문서는 디지털 문서로 "학습 주기를 이루는 모든 요소가 하나의 중심 지점에 모여 있다. 문서 하나만으로 학생들은 학습 주기를 완성하기 위해 필요한 모든 자원에 하이퍼링크를 통해 접속할 수 있다." (Gonzalez, 2017)

내가 무척 좋아하는 수준 높은 플레이리스트의 예시 중 하나는 스티브 모리스Steve Morris가 설계한 것이다(@merc_morris). 그가 만든 플레이리스트는 '지식의 깊이Depth of Knowledge: DOK'에 따른 다양한 수준으로 구성되어 있고, 학생들은 플레이리스트를 완료하기 위해 일정 점수를 쌓아야 한다(bit.ly/steveplaylist2). 모든 과제를 끝마칠 필요는 없지만, 점수를 채우기 위해서는 지식의 깊이 수준이 높은 활동을 해야만 한다. 그는 이런 유형의 플레이리스트를 손쉽게 만들 수 있는 구글 독스 서식도 만들었다([그림 4.4], bit.ly/steveplaylist1).

............

8  현재는 달력 체크리스트 링크가 비활성화 상태로 전환되었다. 마샤 키시의 블로그 www.blendedlearning-pd.com/blog 에서 블렌디드 수업에 적용할 수 있는 다양한 형태의 체크리스트에 대한 영상을 제공하고 있다.

# 퍼센트

비례 관계를 사용하여 실생활에서 사용되는 비율과 퍼센트 문제를 해결하세요.

지시문: 여러분은 최소 15점을 모아야 합니다. 활동마다 난이도에 따라 점수가 매겨집니다.
점수를 모으기 위해 필요한 만큼 활동을 하세요. (교사: 이것은 하나의 예시이므로, 참고하여 원하는
대로 지시문을 만들면 됩니다.)

제출 날짜: (교사: 마감 기한을 한 개 또는 여러 개 설정할 수 있습니다.)

### DOK 수준 1 &2 플레이리스트

| 지시문: | | | |
|---|---|---|---|
| 활동 번호 | 활동 내용 | 완료 | 점수 |
| 1 | 활동지 완료하기 | | 1 |
| 2 | 표 채우기 | | 1 |
| 3 | 구글 드로우나 구글 독스를 사용해서 팁 계산 단계를 흐름도로 그리기 | | 1 |
| 4 | 정의 내리기 | | 1 |
| 5 | 세금과 팁 | | 2 |
| 6 | 모형 만들기 | | 2 |
| 7 | 게임 설계하기 | | 2 |
| 8 | 세금이 포함된 총 가격 계산하기 | | 2 |
| | 퍼센트: DOK 1 & 2 형성평가 | | |
| | | 합계 | |

### DOK 수준 3 플레이리스트

| 지시문: | | | |
|---|---|---|---|
| 활동 번호 | 활동 내용 | 완료 | 점수 |
| 9 | 아이들에게 판매세를 계산하는 방법을 설명하는 영상 만들기 | | 3 |
| 10 | 주어진 답에 대한 질문 만들기 | | 3 |
| 11 | 여름 옷 사기 & 주문서(활동지) | | 3 |
| | 퍼센트: DOK 3 형성평가 | | |
| | | 합계 | |

### DOK 수준 4 플레이리스트

| 지시문: | | | |
|---|---|---|---|
| 활동 번호 | 활동 내용 | 완료 | 점수 |
| 12 | 직업 선택의 어려움 | | 4 |
| 13 | 서점 할인 | | 4 |
| 14 | 직접 활동 설계하기(시작하기 전 교사의 허락을 받으세요.) | | 4 |
| | 퍼센트: DOK 4 형성평가 | | |
| | | 합계 | |

**퀴즈 점수**　　　　교사 확인

| 퀴즈 번호 | 점수 | | 날짜 | 서명 |
|---|---|---|---|---|
| DOK 1/2 | | | | |
| DOK 3 | | | | |
| DOK 4 | | | | |
| | | | | |
| **합계** | | | | |

**전체 합산 점수**

| 총 활동 점수 | |
|---|---|
| 퀴즈 점수 | |
| **총합** | |

**과제 제출하기**

| goo.gl/Nw80nu |
|---|

**참고 영상**

판매세 계산하기

판매세 계산하기 1

팁 계산하기

판매세와 수수료 계산하기

수수료

Steve Morris @merc_morris steve.morris57@gmail.com

[그림 4.4] 스티브 모리스의 플레이리스트 서식을 활용하면 학생들이 지식의 깊이에 따른 다양한 활동을 수행할 수 있다.

다음은 살펴볼 만한 다른 플레이리스트 서식들이다.

**표 플레이리스트** 이 플레이리스트는 시스코중학교에서 사용하는 것으로, 마이크로소프트 워드나 구글 독스 문서에 있는 표를 사용해서 간단한 플레이리스트를 만드는 예시이다(bit.ly/ciscoplaylist).

**중등학교 플레이리스트** 캘리포니아주의 리버사이드 통합 교육청Riverside USD 소속인 스티브 모리스Steve Morris는 웹사이트를 만들어 중학교와 고등학교에서 사용하는 플레이리스트를 모아놓은 목록을 게시했다. 사이트 bit.ly/MSHSplaylists에서 그가 게시한 폭넓은 예시 목록을 살펴볼 수 있다.

**디지털 메뉴판** 톰 스폴Tom Spall(@tommyspall)은 구글 프레
젠테이션을 이용해서 식당 메뉴판 모양의 플레이리스트를 고안
했다. 이 메뉴판에서 학생들은 '전채요리', '본 요리', '음료' 등을
선택한다(그림 4.2). '선택'이 이 플레이리스트의 핵심 요소이다.
사이트 bit.ly/learningmenu1에 있는 서식을 사용해서 자신만
의 플레이리스트도 만들 수 있다. 사이트 bit.ly/SpallMenus에
서 톰의 또 다른 멋진 디지털 메뉴판도 살펴볼 수 있다.

메뉴판 모양의
플레이리스트
서식

스폴의 디지털
메뉴판

### 선택판

선택판은 일반적으로 학생의 선택을 가장 많이 이끌어 내는 활동이다. 학습
활동은 틱택토[9]판이나 빙고판 같은 격자판에 배치된다. 학생은 하고 싶은 활동
을 선택해서 수행하고, 활동을 마치면 선택판에 표시를 한다. 교사가 특정한 조
건을 설정할 수도 있는데, 예를 들어 학생들이 활동을 마친 경우 틱택토처럼 표
시하게 만들 수 있다. 또는 하고 싶은 활동을 선택판에서 자유롭게 선택하되 마
쳐야 할 활동의 최소 개수를 정할 수도 있다. 대부분의 표준 선택판은 3×3 격
자판이지만 각 활동의 복잡한 정도나 선택판 하나에 할애하기로 계획한 시간에
따라 원하는 개수만큼의 활동을 포함할 수도 있다.

선택판은 예전부터 널리 사용되던 방식이기도 해서, 익숙한 전략을 활용하
여 성공적으로 블렌디드 학습 경험을 제공하는 훌륭한 사례가 될 수 있다. 선택

............

9　두 명이 번갈아가며 3×3 판에 O와 X를 표시해서 같은 글자가 가로, 세로, 또는 대각선상에 놓이게
하는 게임이다.

판 활동이 효과적인 블렌디드 학습이 되려면 선택판의 활동 중 최소한 한 가지는 어떤 방식으로든 온라인 학습을 포함해야 한다는 사실에 유념하자. 선택판 한가운데를 학생들이 처음 활동을 시작하는 칸으로 만드는 방법을 고려할 수 있다. 그 칸에 디지털 학습을 배정해서 모두가 완료하게 한 뒤 선택판의 나머지 칸에서 원하는 활동을 선택하게 한다.

반드시 선택판 위에서만 활동할 필요는 없다. 학습활동을 서류철에 넣고 다니거나 교실 곳곳에 있는 사물함이나 학급함 같은 곳에서 활동하도록 구성해서 학생들이 일어나 돌아다니게 할 수 있다. 각 활동의 지도 사항이나 참고 자료는 디지털 선택판에 링크로 걸면 된다.

선택판 서식

처음 시작할 때는 [그림 4.6]에 있는 간단한 선택판 서식을 사용할 수도 있고, 이후 교실의 필요에 따라 수정하면 된다. 사이트 bit.ly/PBchoice에 접속하거나 QR코드를 스캔하면 자유롭게 응용할 수 있는 서식을 내려받을 수 있다.

좀 더 발전된 형태의 선택판이 궁금하다면, 다음에 소개된 자원들에서 표준

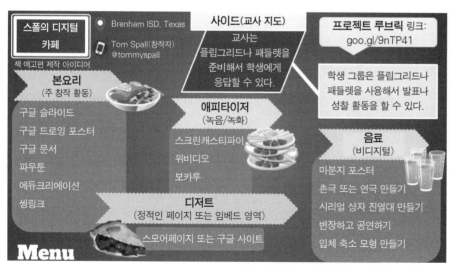

[그림 4.5] 톰 스폴은 학생들의 선택권을 강화하는 플레이리스트를 만들기 위해 식당 메뉴판이라는 기발한 방법을 사용했다.

| 선택판 제목과 날짜 | | |
|---|---|---|
| 지도사항: | | |
| 활동 1: | 활동 2: | 활동 3: |
| 활동 4: | **시작**<br>디지털 수업 링크 거는 곳 | 활동 5: |
| 활동 6: | 활동 7: | 활동 8: |

정해진 개수만큼 활동을 끝마쳤다. ☐ 예 ☐ 아니오
최선을 다해 열심히 활동했다. ☐ 예 ☐ 아니오

[그림 4.6] 간단한 선택판 서식을 학생의 필요에 알맞게 변형할 수 있다.

형태의 선택판에 어떤 새로운 요소를 변형하거나 추가할 수 있는지 확인할 수 있다.

**4C 선택판** 디에스디전문성개발의 마샤 키시(@dsdpd)가 고안한 4C 선택판은 모든 활동이 4C(의사소통Communication, 협업Collaboration, 창의성Creativity, 비판적 사고Critical thinking) 중 적어도 하나에 해당해야 한다.

**틱택토 선택 메뉴** 셰이크업러닝Shake Up Learning을 이끄는 케이시 벨Kasey Bell(@shakeuplearning)은 간단하지만 기발한 선택판을 고안했다(bit.ly/shakeupchoice). 이 선택판은 틱택토를 응용해서 학생들에게 구조화된 선택권을 제공한다. 학생들은 선  택판 한가운데에 있는 활동을 먼저 끝마친 후, 한 줄을 완성하기 위해 하늘색 칸 1개와 노란색 칸 1개를 선택한다. 이렇게 색깔을 활용하면 선택판에 전략적으로 활동을 배치할 수 있다. 한 가지 기능에 관한 활동 전체 중 하늘색 칸은 개별 활동으로, 노란색 칸은 협업 활동으로 구성할 수도 있고, 활동 한 세트는 온라인으로, 다른 한 세트는 오프라인으로 만들 수도 있다. 이 방법을 사용하면 두 가지 다른 기능이나 주제를 다룰 수도 있는데, 나는 이 서식을 사용할 때 한가운데 칸에 온라인 수업을 배치했다. 이 서식은 학생들에게 구조화된 선택권을 제공하는 데 매우 효과적이다.

**지식의 깊이 선택판** 에듀케이션엘리먼츠Education Elements사  에서 고안한 틱택토 형식의 선택판은 '지식의 깊이DOK'를 활용해서 각각의 활동을 구성한다(bit.ly/eechoice1). 이 서식을 사용해서 지식의 깊이에 따라 다양한 수준의 활동을 고안하면 학생들이 여러 수준의 활동을 할 수 있게 된다. 한가운데에 있는 칸에는 모든 학생이 수행해야 하는 가장 높은 수준의 지식의 깊이 활동을 배치한다. 또한 이 서식에는 구글 폼 접속 링크를 거는 곳이 있는데 여기에 완성된 선택판을 제출해야 한다. 이 방법으로 과제를 제출할 수도 있고, 인쇄물로 된 선택판을 제출할 수도 있다.


## 플렉스 모형에 대한 혼합 접근법

한 가지 고정된 형태의 블렌디드 학습에 집착할 필요가 없다는 것을 기억하자. 블렌디드 수업을 위해 정형화된 방법으로, 다른 교실을 그대로 따라 해서는 안 된다. 교실에서 여러 가지 모형을 시도해 보면 혼합 접근법이 가장 잘 들어맞는다는 사실을 발견할지도 모른다.

수업이나 콘텐츠에 따라 이 장에 제시된 플렉스 모형 도구 중 하나와 스테이션을 맞바꿀 수도 있다. 또한 교실에 가장 잘 맞는 방식으로 두 모형을 결합할 수도 있다.

스테이션을 선택지로 만들어서 스테이션에 개인화를 도입하는 방법도 있다. 학생들로 하여금 직접 스테이션을 고르고 각각의 스테이션에서 일정한 시간을 보내도록 하는 것이다.

또 다른 방법은 특정한 날에 따라 다른 체제로 시간표를 짜는 것이다. 다음의 시간표는 직접교수법, 스테이션 순환, 플렉스 모형을 합친 것이다.

- 월요일: 반 전체를 대상으로 한 직접교수법
- 화요일: 모둠 지도를 포함한 스테이션 순환
- 수요일: 모둠 지도를 포함한 스테이션 순환
- 목요일: 개별 회의를 포함한 플렉스 모형
  (체크리스트, 선택판, 플레이리스트)
- 금요일: 개별 회의를 포함한 플렉스 모형
  (체크리스트, 선택판, 플레이리스트)

또 다른 방법은 체크리스트에 들어가는 활동 중 하나를 선택판 활동으로 만드는 것이다. 이렇게 하면 일부 학생들에게 자율성을 발휘할 기회를 주면서도 필수 활동에 대한 통제권을 교사가 가질 수 있다.

기본적으로 선택지는 무궁무진하다. 어디서든지 시작하고, 모형을 발전시키고 변형하면서 학생의 개별적인 필요에 맞게 조정하자. 여러분은 학습 경험의 설계자이고, 그 학습 경험은 여러분의 교실에 맞는 개인적이고 독특한 경험이어야 한다.

## 4장의 핵심 내용

이 장의 중요한 내용을 교육자 대상 국제교육기술협회 성취기준과 대응하여 제시하면 다음과 같다.

- 블렌디드 학습에서 플렉스 모형은 학생의 발언권과 선택권을 교실에 더 많이 도입할 수 있는 훌륭한 선택지이다. (교육자 5a, 5b, 6a)
- 플렉스 모형에서 학생은 학습 활동에 대한 선택권을 순서, 속도, 활동 각각의 측면에서 또는 세 가지 측면 모두에서 가질 수 있다. (교육자 5a, 5b, 6a)
- 체크리스트를 사용할 때, 학생은 교사가 선택한 활동을 수행한다. 활동에는 필수 활동이 포함된다. 학생은 활동을 할 때 속도와 순서에 대한 통제권을 갖는다. (교육자 5a, 5b, 5c, 6b, 7b)
- 플레이리스트는 하나의 완전한 수업과 같다. 플레이리스트는 반 전체를 대상으로 한 수업, 대면 지도, 온라인 학습과 더불어 개별 학습, 협력 학습, 심지어 모둠 학습까지 결합한 형태를 포함한다. (교육자 5a, 5b, 5c, 6b, 7b)
- 선택판은 틱택토나 빙고판처럼 생긴 격자판에 활동을 배치한 것이다. (교육자 5a, 5b, 5c, 6b, 7a, 7b)
- 이 장에서 논의한 도구나 모형 어떤 것이든 교체하거나 결합하여 학생에게 맞는 고유한 학습 경험을 만들 수 있다. (교육자 5a, 5c, 6b, 7b)

## 더 생각해 보기

4장을 읽고, 자신의 수업에서 이 장의 아이디어를 어떻게 적용할 수 있을지 다음의 질문을 통해 생각해 보자.

- 이 장에서 논의한 도구 중 가장 흥미롭고 직접 시도해 보고 싶은 도구는 무엇인가?
- 담당하는 개별 교실의 필요를 충족하기 위해 이 도구들이나 블렌디드 학습 구조를 어떻게 수정하고 싶은가?
- 플렉스 모형의 장점과 단점은 무엇인가?
- 다음 수업 또는 다음 단원을 생각해 보자. 교사의 차별화가 필요한 부분은 어디인가? 개인화가 가능한 부분은 어디인가?

여러분이 더 생각한 내용을 해시태그 #PerfectBlendBook을 달아 온라인에 공유하자.

# 05 현대적인 학습 환경에서 교실 운영하기

**이 장의 목표**

- 블렌디드 학습 환경이 잘 조성되도록 갖추어야 할 지침과 학생들의 기대를 이해한다.
- 학생들을 한 스테이션에서 다음 스테이션으로 넘어가게 만들기 위한 아이디어를 얻는다.
- 모둠을 지도할 때 디지털 기술을 활용해 지원하는 방법을 배운다.
- 달성하고자 하는 지도 결과에 알맞게 교실을 배치하는 방법을 이해한다.

다음은 이 장에 해당하는 교육자 대상 국제교육기술협회 성취기준이다.

3. 시민

교육자는 학생들이 디지털 세계에 긍정적으로 기여하고 책임 있게 참여하도록 격려한다.

c. 디지털 도구를 이용하고 지적 재산과 권리를 보호하며, 합법적·윤리적으로 안전하게 학생들을 지도한다.

4. 협력자

교육자는 수행에 필요한 자료와 아이디어를 발견·공유하고 개선하며, 문제를 해결하기 위해 동료 및 학생과 협력하는 데 시간을 할애한다.

b. 새로운 디지털 자원을 발견하고 사용할 수 있도록 학생과 협력하고 함께 배우며, 기술적 문제를 진단하고 해결한다.

6. 촉진자

교육자는 디지털 기술을 활용한 학습을 촉진하여 학생을 대상으로 한 2016 국제교육기술협회 성취기준을 성취할 수 있도록 학생들을 지원한다.

b. 디지털 플랫폼, 가상 환경, 메이커스페이스나 실제 현장에서 이루어지는 디지털 기술 사용 및 학생의 학습 전략을 관리한다.

## 블렌디드 학습 환경에서 교실 운영하기

교실에 적용할 수업 구조에 대한 아이디어를 구체화하기 시작했으니 이제 블렌디드 교실을 효과적으로 운영하기 위한 세부 사항을 논의해야 한다. 학생 각자가 발언권을 가지고 서로 다른 목소리를 내는 교실은 얼핏 혼돈 상태처럼 느껴질지도 모른다. 그러나 걱정할 필요는 없다. 이러한 환경과 구조에서도 학생들의 고유한 발언권과 필요를 존중하는 것이 가능하다. 해결책은 교실 운영 규칙과 절차의 결합, 물리적인 교실 환경을 구성하는 방법에 있다(물리적인 교실 환경을 구성하는 방법은 나중에 자세히 다룰 것이다).

블렌디드 학습에 친화적인 교실 문화를 만들어 내는 핵심은 학생들에게 명료한 안내 사항을 제시하고 학생들에 대한 기대 수준을 확립하는 것이다. 학생들로 하여금 학습에서 주인 의식을 갖도록 가르치는 것은 간단한 일이 아니다. 교사는 성공에 이르기 위한 적절한 구조를 제공해야 한다. 학생들에게 자유로운 이동을 허용할 때, 교실에 있는 다른 학생들을 존중하는 법에 대해서도 함께 이야기해 주면 좋다. 자유롭게 이동하는 학생들이 개별 과제와 협업 과제 사이를 빈번하게 오가며 누군가에게 불편을 끼칠 수도 있다는 걸 인지시키는 것이다. 또한 온라인 공간에서 학습하는 일이 많아진 학생들을 위해 올바른 디지털 시민이 되는 방법에 대해서도 주기적으로 알려 주어야 한다. 학생들이 온라인상에서 스스로를 보호하며 다른 사람들과 적절하게 교류하는 법을 배우는 일은 매우 중요하다.

## 기기 운영

기기를 보관하고, 나누고, 옮기는 절차를 확립하고 실천하면 각각의 블렌디드 학습을 효과적으로 운영하는 데 도움이 된다. 가르쳐 주지 않아도 학생들이 알아서 잘할 거라고 넘겨짚지 않는 편이 좋다. 블렌디드 교실에 디지털 기술을 도입할 때, 학생들이 언제 기기를 사용하고 언제 기기에 손을 대서는 안 되는지에 대한 규칙을 명확히 하자. 구체적인 규칙은 구조화된 환경을 유지하는 데 큰 역할을 한다. 또한, 교실에서 디지털 기술을 관리하는 방법에 대한 안내가 조직적이고 명확할수록 블렌디드 학습을 활성화하려는 노력이 불필요한 소란과 위험으로부터 방해받는 일이 줄어든다.

디지털 기기를 아무 때나 사용하는 것이 아니라는 사실도 기억하게 하자.

반 전체를 대상으로 무언가를 설명해야 할 때, 학생들이 기기에서 교사에게로 빠르게 주의를 전환할 수 있도록 규칙을 마련해 두면 좋다. 내가 추천하는 문구는 '화면을 45도 내리세요'이다. 교사가 이 말을 하면 모든 학생이 노트북이나 크롬북[10]의 화면을 45도 정도 아래로 접는 것이다. 이렇게 하면 학생들이 기기에서 로그아웃하지 않고도 교사에게 집중할 수 있다. 태블릿을 사용하는 교실이라면 기기를 엎어 놓는 방법으로도 똑같은 효과를 얻을 수 있다.

## 스테이션 이동

초등학교 교사라면 블렌디드 학습을 실행해 본 적이 없을지라도 학생들을 한 스테이션에서 다른 스테이션으로 이동하게 만드는 효과적인 방법을 많이 알고 있을 것이다. 스테이션 순환 모형과 같이 교실에 움직임이 많을 때는 학생들의 주의를 집중시켜 빠르고 효과적으로 공간을 이동하게 만드는 것이 중요한데 이는 학생의 나이에 관계없이 적용 가능하다.

### "1, 2, 3"

여러분의 교실에 효과적일 수 있는 전략 하나는 학생들의 행동을 단계별로 예상할 수 있게 만드는 것이다. 예를 들어, 여러분이 "1, 2, 3" 하고 차례대로 말하면, 학생들이 숫자마다 해당하는 특정한 행동을 하도록 가르친다. "1"에는 지금 하고 있는 일을 끝내고, "2"에는 머물던 자리를 정리한 뒤 이동할 준비를 하고, "3"에는 의자를 넣고 조용히 다음 스테이션으로 이동하는 식이다.

마이크로소프트 파워포인트로 이동 시간을 설정해서 교사가 방해받지 않고도 스테이션 순환이 이루어지는 것을 본 적이 있다. 각 스테이션에서 슬라이드로 정보를 제시하고, 할당된 시간에 따라 슬라이드 각 장이 자동으로 넘어가도

..............

10  크롬OS를 운영체제로 사용하는 노트북으로, 미국 내 학교에서 교육용으로 많이 사용된다.

록 설정한다. 슬라이드에 1, 2, 3 신호를 설정해서 자동으로 넘어가게 하면 모둠별 지도를 하는 동안 방해받거나 멈추지 않아도 된다.

타이머

간단한 타이머는 블렌디드 학습을 진행하는 데 훌륭한 도구로, 온라인에서 여러 가지 옵션을 찾아 볼 수 있다. 구글에서 '타이머'를 검색하면 몇 번의 클릭만으로 꽤 괜찮은 타이머를 구해 사용할 수 있고, 링크를 통해 더 다양한 타이머들도 비교해 볼 수 있다. 타이머가 있으면 학생들은 각 스테이션에 할애된 시간이 얼마나 남았는지 눈으로 확인할 수 있고, 과제를 수행하는 데 사용할 수 있는 시간이 제한되어 있다는 걸 알면 더 집중해서 과제를 끝마칠 가능성이 높다. 또한 활동이 언젠가 끝난다는 사실을 아는 것만으로도 학생들이 동기를 얻고 참여하는 데 도움이 된다.

그러나 어떤 형태로든 타이머를 사용할 때는 학생들이 느끼는 스트레스 정도를 유심히 지켜보아야 한다. 학생들이 타이머의 카운트다운 효과를 두려워한다면 타이머를 쓰지 않는 편이 낫다. 어차피 모든 활동에는 시간제한이 있기 때문에, 학생들에게 불필요한 압박을 줄 필요는 없다. 교실에 있는 학생들과 활동의 성격에 따라 적절하게 타이머를 사용해 보자.

소리와 음악

활동에 집중하고 있는 학생들을 향해 목소리를 높이는 대신, 특정한 소리와 음악을 사용해 보자. 예를 들어, 휴대폰에 있는 종소리나 알람과 같은 간단한 소리를 사용해서 학생들이 하던 일을 정리하고 다른 활동으로 넘어갈 준비를 하도록 안내할 수 있다. 내가 아는 어떤 교사는 학생들이 시간을 관리할 수 있도록 돕는 새로운 방법으로 여러 가지 초인종 소리를 저렴한 가격에 구매하기도 했다.

교사가 방해받지 않는 또 다른 전략으로 음악을 사용하는 방법이 있다. 음

**클래스룸스크린**

클래스룸스크린(classroomscreen.com)은 나와 함께 일하는 교사들 사이에서 선호도가 높은 교실 운영 도구이다. 이 도구는 맞춤형 도구 모음인 대시보드를 제공해서 개별 과제를 운영하는 것을 돕는다. 여기에는 다음과 같은 것들이 포함된다.

- 무작위 이름 추첨기
- 소음 측정기
- 안내 사항을 제시하는 글상자
- 상태나 변화를 표시하는 신호등
- 타이머

교실에서 동시에 과제를 수행하고 있는 그룹이 여럿이라면, 화면을 분할해서 각각 독립적으로 타이머 등의 도구를 설정할 수도 있다. 그런 뒤 필요에 따라 맞춤화한 클래스룸스크린 대시보드를 프로젝터로 띄워 모든 학생들이 볼 수 있게 한다. 클래스룸스크린에 대한 빠른 설명은, 사이트 bit.ly/ClassScreen에 접속하거나 QR코드를 스캔해서 실연 영상으로 확인해 볼 수 있다.

클래스룸스크린
실연 영상

악이 흘러나오면 학생들은 음악이 끝나기 전까지 하던 일을 마무리하고, 주변을 정리한 뒤 다음 스테이션으로 이동한다. 내가 이 전략을 좋아하는 이유는 교사가 모둠별 지도를 멈추지 않아도 되고, 학생들이 독립적으로 시간을 관리하는 법을 배우도록 돕기 때문이다.

전환 방법 공유하기

교실에서 스테이션 이동을 위한 효과적인 방법에 대한 아이디어가 있다면 다른 독자들과 공유할 수 있다. 패들렛 padlet.com/michele_eaton/transition에서 더 많은 아이디어를 얻어 보자.

아이디어
공유하기

## 기술 지원 전략

교사가 한곳에서 모둠별 지도를 하는 동안 학생들이 디지털 기술을 사용하거나 개별 과제를 하는 데 도움을 필요로 하는 경우, 곧바로 달려가 도울 수 없는 상황에서도 학생들이 필요한 도움을 받을 수 있는 방법을 마련해야 한다. 대부분의 교사는 이러한 상황에 대해 아주 잘 알고 있을 것이다. 어떨 때는 학생들이 교사가 곁에 올 때까지 기다렸다가 참았던 질문을 쏟아내는 것 같기도 하다. 디지털 학습을 혼합하기 시작하면 이 문제는 더욱 가중될 것이다. 다음은 이러한 상황에 잘 대처할 수 있게 돕는 몇 가지 전략들이다.

### 학생 전문가

우리 반 학생들에게는 모두 한 가지씩 임무가 주어졌다. 특히 디지털 기술에 능숙한 학생들에게는 다른 학생들을 위해 디지털 기술을 지원하는 임무를 주었다. 블렌디드 온라인 학습을 하다가 기술적인 문제에 맞닥뜨렸을 때, 교사가 해결할 수 없을 경우 디지털 기술 지원팀에 가야 한다는 사실은 누구나 알고 있다.

교사가 도울 수 없을 때 학생들이 교실 안에서 전문 지식을 활용하게 할 방법을 찾았다는 점에서는 성공적이었지만, 몇 가지 문제점도 같이 발생했다. 가장 큰 문제는 특정한 두세 명의 학생들이 기술적인 문제에 처한 친구를 돕기 위해 학습에 방해를 받는다는 것이다. 동시에 다른 학생들은 기술적인 문제나 어려움을 해결하는 능력을 기르지 못하고 있었다.

《증폭하라Amplify》의 공동 저자인 크리스틴 지엠케Kristin Ziemke는 최근 우리 교육청을 방문해 초등학교 교실 중 한곳에서 디지털 기술을 활용한 수업을 진행했다. 학생들을 개인적으로 알지도 못하고 누가 디지털 기술에 능숙한지 파악할 수도 없는 상황에서, 지엠케는 성공적으로 학생들 스스로를 반 친구들을 돕는 전문가로 인식하도록 만들었다. 처음부터 특정한 학생 몇 명을 선택해서 다른 친구들을 위해 디지털 기술을 지원하도록 지시하는 게 아니라 수업을 진행하면서 전문가를 찾아내는 방식이었다. 지엠케는 수업을 진행하다가 기술적인 문제를 겪는 학생이 생기면 그 학생의 문제를 해결한 뒤, 이제부터 이러한 문제에 관해서는 그 학생이 전문가이므로 똑같은 상황이 발생하면 그 학생에게 도움을 청하라고 공지했다.

나는 두 가지 이유에서 이러한 접근법을 높이 평가했다. 첫째, 몇몇 학생이 나머지 친구들의 기술적 문제를 해결해야 했던 부담을 덜어 주었고, 이는 모든 학생에게 골고루 나뉘어 부과되었다. 둘째, 성장의 의미를 깨닫게 해 주었다. 이미 디지털 기술에 능숙한 학생들을 전문가로 선택하는 대신, 모든 학생들이 문제를 해결하려고 애쓰며 전문가가 되어 가는 과정을 스스로 체감할 수 있게 해 준 것이다. 이보다 더 중요한 메시지가 또 있을까?

협업 지원 문서

학생들이 서로를 돕게 만드는 또 다른 전략은 반 전체가 온라인 협업 문서를 사용하는 것이다. 나는 이 전략이 사용되는 모습을 어맨다 무어Amanda Moore(@teachforthewin)의 4학년 블렌디드 교실에서 처음 보았다. 무어는 간단한 구글 문서로 표를 만들어서 학생 전체와 공유했다. 그 표에는 학생들의 이름, 질문, 그리고 대답이 각각 제시되었고, 그 상태로 화면에 띄워졌다. 원래 지시 사항은 질문이 생길 때마다 표에 질문을 추가하라는 것이었다. 무어는 모둠을 지도하는 사이사이 틈이 생기면 그 질문들에 대답을 하려고 계획하고 있었다.

놀랍게도 이 규칙은 스스로 진화했다. 처음에는 교사가 질문에 답해 주기만을 기다렸던 학생들이 열린 문서에 적힌 질문들에 자연스럽게 답을 적기 시작한 것이다. 표를 확인한 무어는 학생들이 조용히 서로의 질문에 관심을 갖고 답하는 사이 자신이 답해야 할 질문이 거의 남아 있지 않다는 사실에 놀랍고 기뻤다(그림 5.1). 이는 교실에서 진행되는 학습을 방해하지 않으면서 공동체를 강화한다는 점에서 매우 훌륭한 전략이다.

| 이름 | 질문 | 대답 |
|---|---|---|
| 아드리아나 | 영상 재생이 안 돼요. | 내가 가서 도와줄게! -엠마누엘 |
| 조던 W. | 연습 문제 푸는 것 좀 도와줄 사람? 아무리 해도 답을 못 찾겠어요. | 조던은 다음 그룹이니까, 일단 영상 보고 있어요. 금방 가서 도와줄게요. -무어 선생님 |
| 에릭 | 단어 색깔 어떻게 바꾸나요? | 도구 상자에 있는 글자 A 보여? 그거 클릭해. 못 찾겠으면 내가 알려 줄게. -아드리아나 |
|  |  |  |
|  |  |  |
|  |  |  |

[그림 5.1] 4학년 블렌디드 교실을 운영하는 어맨다의 디지털 기술 지원용 협업 문서 예시.

전략 공유하기

모둠을 지도하는 동안 학생들의 질문을 해결하기 위해 즐겨 사용하는 전략이 있는가? 패들렛 padlet.com/michele_eaton/techsupport에 방문해 다른 독자들과 공유하고, 다른 사람들의 아이디어도 구경해 보자.

기술 지원
아이디어

## 성공적인 블렌디드 학습을 위한 교실 설계하기

물리적인 교실 공간을 어떻게 설계하느냐에 따라 블렌디드 학습 실행의 성공 여부가 달라질 수 있다. 교실 환경은 교사가 계획한 학습 성과와 대응되어야 하는데, 학생 주도성이 증가할수록 더 유연한 학습 공간이 필요하다.

## 형식은 기능에 적합해야 한다

학생들이 협력하며 학습하고, 활동에서 발언권을 갖고, 활동과 활동 사이를 효율적으로 옮겨 가기를 원한다면, 전통적인 교실 환경에서는 이러한 변화로 인해 불필요한 어려움을 겪을 수 있다. 그렇다고 변화를 위해 건축가와 비싼 가구를 살 예산, 그리고 교실을 커피숍처럼 구상한 배치도가 필요하다는 뜻은 아니다. 그저 학생 주도성과 개인화를 장려하고자 한다면, 블렌디드 학습 전략에 따라오는 학생들의 선택권과 움직임을 존중할 수 있는 공간이 교실에 필요하다는 뜻이다.

물리적 환경을 설계할 때, 형식은 기능에 적합해야 한다. 예를 들어 지나치게 유행에 민감한 가구로 공간을 배치하면 오히려 집중력을 흐릴 수 있다. 학습 목표 달성을 위해 학생들이 활발하게 움직여야 하고 새로운 공간을 만들어 내야 한다면 필요에 따라 유연하게 활용할 수 있는 가구는 최적의 선택이다. 여러분이 사용하는 블렌디드 수업 전략이 교사가 설정하는 차별화에 크게 의존한다면, 학생들은 정해진 시간표에 따라 공간을 이동하므로 협력 학습을 위한 공간을 만들기 위해 모둠을 형성하는 것으로 충분하다.

학생들을 위해 유연성을 더 높이고 싶다면, 교실에서 학습하고 싶은 장소에 대한 선택지와 선택권을 주자. 조용히 개별 과제를 할 수 있는 공간과 협업 과제를 할 수 있는 공간을 만들고, 학생들에게 공간을 자유롭게 이동할 수 있는 권한을 주는 방안을 고려해 보자. 학생들이 오갈 수 있는 구역을 설계할 때, 학습의 서로 다른 기능을 고려해서 각각의 공간이 그 기능에 적합하도록 만들자. 다음 활동을 할 수 있는 공간이 있는가?

- 조용한 개별 과제
- 만들기 및 창조하기
- 모둠 협업 과제

- 학습 자료 및 재료 조직하기
- 실연하기

    교실에서 일어나는 학습의 구조를 다시 생각해 보면, 직접교수법을 적용하는 데에는 큰 공간이 필요하지 않다. 〈에드테크 매거진EdTech Magazine〉에 실린 기사에서, 에릭 파트누데스Eric Patnoudes(@NoApp4Pedagogy)는 교사용 책상과 교실 앞쪽 공간이 유연한 학습에 사용될 수 있는 공간을 얼마나 많이 차지하고 있는지 생각해 볼 것을 권했다(2017). 교실을 재설계할 때 '교실 앞쪽'이라는 개념, 나아가 교사의 사물함으로 쓰이는 공간까지도 머릿속에서 지워 버리자. 그리고 다양한 교육 목적을 뒷받침하는 활동 공간을 교실 곳곳에 여러 개 만드는 일에 집중해 보자.

파트누데스는 또한 이러한 설계 작업이 교사만의 힘으로 이루어질 필요는 없고, 학생들도 설계에 동참할 수 있다고 제안했다(2017). 학생들에게 교실 구조를 제안하게 해 보면 그 독창성에 놀랄 것이다.《공간: 교육자를 위한 안내서》(2016)의 공동 저자인 로버트 딜런 박사는 교실의 어떤 것이 학생들의 학습을 지원하고, 또 방해하는지를 학생들에게 분명하게 물어보라고 제안한다. 정말로 학생들의 발언권과 선택권을 장려하고 싶다면, 우리가 물리적인 학습 공간을 설계할 때 내리는 결정에도 학생들의 발언권과 선택권이 반영되어야 한다.

## 한정된 예산으로 학습 공간 재설계하기

여러분 중에는 능동적인 학습에 알맞은 멋진 최신식 가구가 갖추어진 건물에서 근무하는 운 좋은 사람도 있겠지만, 현실적으로 사용 가능한 가구들은 대부분 교사가 마음대로 할 수 없다. 그러나 예산에 구애받지 않고도 더 협력적이고, 유연하고, 학생 주도적인 학습 경험을 촉진하는 교실 환경을 쉽게 만들 수 있다.

첫 번째 제안은 요청하라는 것이다. 나는 항상 "요청하지 않으면 얻는 것도 없다"라고 말한다. 개인용 책상을 없애고 더 협력할 수 있는 학습 공간을 만들고 싶다면, 교장 선생님과 대화해 보자. 교장 선생님이라면 건물 다른 곳에 사용 가능한 책상이나 교육청 내에 남는 책상이 있는지 알고 있을지도 모른다. 관리자와 함께 창의적인 해결책을 도출하기 위해 브레인스토밍을 해 보자. 여러분이 만들어 내고 싶은 학습 성과와 학습 경험, 그것을 이루는 데 적절한 가구가 어떻게 제 역할을 할 수 있는지에 초점을 맞추어 이야기할 수 있게 준비해 두자. 관리자로부터 듣게 될 최악의 말은 방법이 없다는 것일 테니 밑져야 본전이다. 가장 바람직한 결과는 여러분이 몰랐던 사용 가능한 자원을 찾게 되는 것이다.

중고 가구를 찾아보거나 학부모들에게 교실에 기부할 가구가 있는지 물어볼 수도 있다. 단, 이때는 기부할 가구가 있는지 물어보기에 앞서 학교 밖에서 반입할 수 있는 물품이 무엇인지 알아보아야 한다. 예컨대 천으로 된 가구를 들여오는 데 규제를 두는 학교가 종종 있다. 무심코 알레르기 유발 물질을 교실에 들일 수 있기 때문이다.

개인적으로는 세일 기간 쇼핑을 좋아한다. 빈백beanbag 의자, 상자, 쿠션 등을 할인된 가격으로 살 수 있고, 특히 철 지난 상품을 사기에 좋다. 대학교 신학기 기간 이후에 가면 굉장한 할인가의 물건을 찾을 수 있다. 대학교 근처에 산다면 졸업을 앞둔 학생들이 마지막 학기 무렵 진행하는 물건 판매 행사를 노려 볼 수 있다. 크라우드소싱[11] 웹사이트(DonorsChoose.org 또는 GoFundMe.com 등), 모금 행사, 보조금 등의 자원을 사용하면 예금을 깨지 않고도 효과적으로 학습 공간을 재설계할 수 있다.

다양한 종류의 좌석도 좋다. 그렇다고 새 가구를 살 필요는 없다. 기존의 가구를 재배치해서 충분히 개인화된 유연한 공간을 만들 수 있다. 책상을 모아 붙여서 개별 스테이션부터 모둠, 토의를 활성화하는 배치까지 각기 다르게 구성해 보자.

돈을 많이 들이지 않고도 교실에 이미 있는 가구를 움직이기 쉽게 만드는 방법을 고안해 보자. 바퀴 달린 가구를 사기 어렵다면 기존에 있는 가구를 더 움직이기 쉽게 만들면 된다. 학교 관리자의 허가를 받아서 가구 밑바닥에 의자 바퀴를 달거나 발굽(글라이드)을 붙여 의자와 책상을 더 쉽고 빠르게 움직이도록 만들 수 있다.

...........

11  어떤 프로젝트나 목표를 달성하기 위해 자선·기부의 형태로 여러 사람의 지원 및 투자금을 받는 일을 뜻한다.

교사들은 보통 교실 공간을 마음대로 '주무르는' 방법을 찾는 데 전문가다. 한정된 예산 안에서 교실을 구성하고 유연한 학습 공간을 창조하기 위해 여러분이 사용하는 창의적인 해결책은 무엇인가? 패들렛 padlet.com/michele_eaton/redesign에 방문하여 다른 독자들과 여러분의 아이디어를 공유해 보자.

교실 설계
아이디어

다른 여러 변화와 마찬가지로 교실을 재설계하는 일은 어디까지나 과정이다. 할 수 있는 범위에서 고치고 개선하되 그 과정에서 학생들의 피드백을 받도록 하자. 교실을 재설계하는 궁극적인 목적이 핀터레스트나 인스타그램에서 다른 교사들이 감탄하게 만들기 위한 것이어서는 안 된다. 공간을 재설계하는 유일한 목적은 학생들의 학습을 향상시키기 위함이다.

## 5장의 핵심 내용

이 장의 중요한 내용을 교육자 대상 국제교육기술협회 성취기준과 대응하여 제시하면 다음과 같다.

- 블렌디드 학습 환경에서 학생들의 자율성과 수노성을 독려하더라도, 성공적인 블렌디드 학습을 위해서는 반드시 효율적인 구조와 교실 운영이 뒷받침되어야 한다. (교육자 6b)
- 온라인 공간에서 주로 학습하는 학생들을 위해 올바른 디지털 시민이 되는 방법을 주기적으로 교육시켜야 한다. (교육자 3c)
- 기기 관리 규칙, 활동 간 전환 규칙, 모둠 활동 시 바쁜 학생들을 지원하는 방법에 대한 규칙을 마련해 두자. (교육자 4b, 6b)
- 교실의 물리적 공간 구성을 블렌디드 수업의 목적과 대응시키자. (교육자 6b)
- 학생의 발언권은 수업과 평가에서만 중요한 것이 아니다. 학습 능력을 향상시키기 위해 교실 환경을 어떻게 구성하는 것이 좋을지 주기적으로 학생들로부터 피드백과 아이디어를 받아야 한다. (교육자 4b)

## 더 생각해 보기

5장을 읽고, 자신의 수업에서 이 장의 아이디어를 어떻게 적용할 수 있을지 다음의 질문을 통해 생각해 보자.

- 교실 운영 전략 중 가장 마음에 들고 실행해 보고 싶은 전략은 무엇인가?
- 이 장에서 언급한 것 외에도 블렌디드 교실에서 규칙과 지침이 필요한 부분이 있는가?
- 자신의 교실 공간에서 개인화 학습을 방해하는 요인은 무엇인가?
- 이상적인 학습 경험을 설계할 수 있는 예산이 무한하다면, 여러분이 꿈꾸는 교실은 어떤 모습인가? 종이에 직접 적거나 온라인 그림 도구를 사용해 스케치해 보자.
- 자신의 현재 교실을 떠올려 보자. 방금 스케치한 이상적인 학습 환경에 가까워지기 위해서 한정된 예산으로 손보거나 수정할 수 있는 부분은 어디인가? 그렇게 수정하면 자신이 설계한 블렌디드 학습 모형이 어떻게 촉진되는가?

여러분이 더 생각한 내용을 해시태그 #PerfectBlendBook을 달아 온라인에 공유하자.

# 2부

## 디지털 교실

# 06 인쇄물 읽기 vs 디지털 콘텐츠 읽기

**이 장의 목표**

- 온라인 읽기와 관련된 연구에 익숙해진다.
- 온라인으로 학습하고 읽는 것과 전통적인 환경에서 학습하고 읽는 것 사이의
  차이를 이해한다.
- 이러한 학습의 차이에 유념하여 디지털 콘텐츠를 읽도록 수업을 설계하는 것이
  중요함을 이해한다.
- 학생들을 위해 인쇄물과 디지털 텍스트 등 다양한 텍스트 유형을 수업에
  도입하는 것이 중요함을 이해한다.
- 온라인으로 읽는 방식을 반영하여 디지털 텍스트를 읽을 수 있도록 수업을
  설계하는 전략을 익힌다.
- 학생들이 디지털 텍스트를 심층적으로 이해할 수 있도록 장려하는 능동적인
  읽기 전략을 배운다.
- 온라인으로 전달해야 할 콘텐츠와 전통적인 방식으로 제시할 콘텐츠가
  무엇인지 구분한다.

## 국제교육기술협회 성취기준

다음은 이 장에 해당하는 교육자 대상 국제교육기술협회 성취기준이다.

1. 학습자

교육자는 학생의 학습 능력을 향상시키기 위해 타인으로부터 배우고 함께 성장하며, 기술을 활용하는 검증된 교육적 실천을 탐색하면서 수행 능력을 지속적으로 개선한다.

a. 디지털 기술을 활용하는 교육 방법을 탐구하고 이를 적용한 전문적인 학습 목표를 설정하여 그 효과를 성찰한다.

c. 학습 과학 분야의 연구 결과를 비롯하여, 학생의 학습 결과를 향상시키는 데 도움이 되는 최신 연구 동향을 파악한다.

5. 설계자

교육자는 학습자의 다양성에 맞추어, 실제적이고 학습자 주도적인 활동 및 환경을 설계한다.

b. 성취기준에 따라 학습 활동을 설계하고, 적극적이며 깊이 있는 학습을 극대화하기 위해 디지털 도구와 자료를 사용한다.

c. 학습을 지원하는 혁신적인 디지털 학습 환경을 만들기 위해 교수 설계 원리를 탐색하여 적용한다.

7. 분석가

교육자는 데이터를 이해한 후 학생들을 지도하고 학생들의 학습 목표 달성을 지원한다.

b. 학습자의 요구를 충족시키며 적시에 피드백을 제공하고 안내하기 위해 다양한 형성평가와 총괄평가를 설계하고 이를 시행하기 위한 기술을 사용한다.

## 디지털 공간에서의 수업 되돌아보기

어떤 형태로든 온라인 학습을 진행할 때 가장 많이 오해하는 부분이 바로 수준에 관한 것이다. 사람들은 높은 수준의 대면 지도를 온라인으로 그대로 옮기기만 하면 온라인 학습의 수준이 높아질 것이라고 기대하지만 실상은 그렇지 않다.

온라인 수업을 고안할 때 이러한 잘못된 접근이야말로 많은 사람이 온라인 수업이 전통적인 수업 방식보다 효과적이지 않다고 느끼게 만드는 이유다. 온라인 교육과 블렌디드 교육의 추종자로서, 나는 무엇이든 온라인으로 가르칠 수 있고 디지털 기술을 사용하지 않는 수업만큼이나 잘 해낼 수 있다고 믿는다. 그러나 그것이 가능하려면 온라인 학습 경험을 다르게 설계할 필요가 있다. 대면 지도를 그저 똑같이 따라 하려고만 한다면 온라인 수업은 전통적인 학습 경험의 복제판을 결코 넘어설 수 없을 것이다.

효과적인 온라인 학습 경험을 설계하는 한 가지 열쇠는 인쇄물을 읽는 방법과 디지털 텍스트를 읽는 방법이 상당히 다르다는 사실을 이해하는 것이다. 먼저 온라인상에서는 읽는다기보다는 훑어본다. 1997년에 이루어진 연구에서 이미 "온라인상에서는 사람들이 글을 훑어보게 되어 있다"고 하였고(Nielsen, 1997), 2014년에 이루어진 연구에서는 "55%의 사람들이 웹페이지를 읽을 때 어떤 내용이든 15초가 채 걸리지 않는다"는 사실을 밝혀냈다(Haile, 2014).

이 연구 결과에 대해 생각해 보자. 우리가 책을 읽으려고 집어 들면 보통은 집중해서 한 단어씩 차근차근 읽는다. 그러나 인터넷을 사용할 때는 어떤 정보나 필요한 수치를 찾기 위해 빠르게 구글에서 검색을 하고 원하는 내용만을 찾아내서 훑는다. 본질적으로 이것이 인터넷상에서 읽는 방법이라고 뇌를 훈련시켰다. 그런데도 우리는 책을 다룰 때와 같은 방법으로 학생들에게 디지털 텍스트를 소개하곤 한다. 디지털 텍스트를 수업에 활용하려면 디지털 텍스트를 설계하고 능동적인 읽기가 가능하도록 더 전략적인 방법을 취해야 한다.

## 디지털 텍스트 이해도

몇몇 연구는 온라인상에서 글을 훑어보는 경향으로 인해 독자들이 인쇄물을 읽을 때보다 디지털 텍스트를 읽을 때 이해도가 떨어지는 경험을 한다는 사실을 보여 준다. 훑어보는 경향 이외에도 온라인상에서 텍스트를 읽을 때 이해도를 떨어뜨리는 몇 가지 요소가 존재한다.

예를 들어 디지털 텍스트와 달리 인쇄물을 읽을 때 주어지는 공간적인 정보는 이해도에 더 큰 도움을 준다(Ross, Pechenkina, Aeschliman, & Chase, 2017). 종이 한 장이나 책 한 권을 손에 들고 있다고 상상해 보자. 물리적으로 글을 볼 수 있으면 나중에 그 정보를 어디서 봤는지 떠올리기 쉽다. 이는 학생들이 질문에 답하기 위해 글을 다시 읽거나 특정 부분으로 되돌아가 정보를 찾아볼 때도 도움이 된다. 하지만 온라인 기사나 전자책을 읽으면서 스크롤을 내릴 때는 그러한 공간적인 정보를 쉽게 얻을 수 없다. 읽은 내용이 어느 위치에 있는지 마음속으로 그려 내는 것이 어려워지면 기억하기도 어렵다. 특히 학생들이 질문에 답하거나 독후 활동을 위해 글을 다시 읽을 때 그러한 경험을 하게 된다.

또한 인쇄물을 읽는 것은 디지털 텍스트를 읽는 것보다 훨씬 더 순차적이다. 책을 읽을 때는 일반적으로 책의 첫 장부터 읽기 시작해 마지막 장까지 죽 읽으며, 책의 남은 부분이 얼마나 되는지 보고 느낄 수 있다. 온라인상에서 읽는다는 것은 이와 상당히 다른 경험이다. 어떤 생각이든 다양한 사이트에서 찾아볼 수 있는 하이퍼링크 기능으로 인해 온라인상에서는 훨씬 덜 순차적으로 읽게 된다. 이렇게 의식의 흐름에 따라 읽게 되면 지금 읽는 것에 집중하기 어렵고, 이해도에도 부정적인 영향을 미친다(Schwartz, 2016).

온라인상에서의 이해도 저하를 연구한 같은 종류의 연구들은 피상적인 읽기의 주된 원인을 매체 그 자체보다도 주의력 분산에서 찾는다. 이러한 현상은 온라인 매체의 디자인 형태로 인해 일어나는데, 색깔, 화면, 움직임 등의 변화로 주의력이 분산되기 때문이다(Konnikova, 2014). 온라인 게이머들이 이러한 주의력 분산에 더 잘 대처한다는 흥미로운 연구 결과도 있는데 게이머들은 매체가 변화하는 와중에도 집중력을 유지하는 데에 익숙하기 때문이다(Coiro, 2011).

또한 인터넷은 본질적으로 이용자가 찾고 있는 주제와 일치하든 아니든 간에 무궁무진한 자원을 보여 주기 때문에 주의력 분산을 야기한다. 로드아일랜드 대학교University of Rhode Island의 줄리 코이로Julie Coiro 역시 온라인상에서 정보를 읽을 때 상당한 주의력이 필요하다는 사실을 밝혀냈다. 온라인 읽기에서 상당한 주의력이 필요한 이유는 접근할 수 있는 정보와 선택지가 겉으로 보기에 무궁무진하기 때문이다(Korbey, 2018). 관련이 있든 없든 간에 추가 정보에 접근하고 싶다면 언제나 하이퍼링크 하나만 클릭하면 된다. 계속해서 주의력을 산만하게 만들고 정신을 흩트리는 알림, 소셜 미디어, 게임 등 다른 디지털 요소들은 언급할 필요도 없이 말이다.

카네기멜런Carnegie Mellon대학교의 연구자인 제프 코프먼Geoff Kaufman과 메리 플래너건Mary Flanagan은 바로 이 주제에 대해 연구를 수행했다(Kaufman & Flanagan, 2016). 플래너건과 코프먼은 디지털 텍스트의 이해도와 인쇄물의 이해도를 비교하는 실험에서, 정확하고 구체적인 사실에 집중하는 데에는 온라인상에서 읽기가 유리하지만, 글의 요점을 파악하고 추론하는 데에는 인쇄물 읽기가 유리하다는 사실을 발견했다. 이 연구자들은 인쇄물 형태와 디지털 PDF 형태로 된 픽션 및 논픽션에 대한 이해도를 관찰했는데, PDF는 화면으로 보여 주었지만 하이퍼링크를 비롯한 상호작용 요소가 없어 주의력을 분산하는 요소를 찾을 수 없었다. 독자들은 데이비드 세다리스David Sedaris가 쓴 단편소설과 자동차에 대한 세부 정보가 담긴 표를 받았고, 각각을 읽은 후 퀴즈를 풀었다. 디지털 형태로 된 단편소설과 표를 읽은 독자들은 인쇄물로 된 단편소설과 표를 읽은 독자들보다 사실과 세부 사항을 기억해 내는 데 더 높은 점수를 기록했다. 그러나 단편소설에서 의미를 파악하거나 추론하는 질문에서는 인쇄물로 읽은 참가자들이 더 높은 점수를 얻었으며, 자동차에 대한 세부 정보가 담긴 표를 보고 구매하기 가장 좋은 차편도 더 잘 선택했다.

비슷하지만 약간 다른 결과를 보여 주는 연구도 있다. 캘리포니아대학교 University of California의 퍼트리샤 그린필드Patricia Greenfield(Subrahmanyam, et al., 2013)는 노트북이나 태블릿 등 디지털 기기로 읽기를 하며 인터넷이나 프린터 이용을 병행하는 멀티태스킹이 글을 읽는 속도를 늦추지만, 인쇄물을 읽은 독자와 디지털 기기로 읽으며 멀티태스킹을 하지 않은 독자를 비교해 보면 두 집단의 기본적인 이해도는 별다른 차이가 나타나지 않는다고 하였다. 그리고 이 연구에서는 참가자들에게 멀티태스킹을 할 때와 하지 않을 때, 온라인 텍스트로 읽을 때와 인쇄물로 읽을 때 각각 읽은 내용을 종합하여 1장짜리 보고서를 작성하도록 하였다. 그 결과 온라인 텍스트든 인쇄물이든 매체는 이해도에 영향을 미치지 않았으나 멀티태스킹을 할 때는 참가자들이 읽은 내용을 수준 높게 종합하지 못하는 것으로 나타났다. 그린필드의 연구에서 나타난 한 가지 구체적인 사실은 디지털 텍스트를 읽으면서 필기를 하는 것이 이해도를 상당히 높인다는 것이다. 주석 도구가 있는 디지털 읽기 플랫폼이 온라인으로 읽을 때의 이해도 격차를 좁힌다는 사실을 발견한 다른 연구(Ben-Yehudah & Eshet-Alkalai, 2014)도 주목할 만하다.

## 이해도 격차 좁히기

온라인으로 읽을 때 이해에 어려움을 겪는다면, 계속 인쇄물로 읽어야 하는 것이 아닐까? 꼭 디지털 자료를 활용해야 할까?

지난 한 주 동안 개인적으로 읽은 전문적인 글들을 떠올려 보자. 지난주에 읽은 책, 블로그 포스팅, 메일, 문자 메시지, 소셜 미디어 게시글, 잡지 등 읽었던 모든 것을 종이에 쓰거나 컴퓨터의 메모장에 작성해 보자.

무엇을 알아차렸는가? 고작 일주일 동안 여러분은 너무나도 다양한 글을 읽고 썼다. 디지털 매체와 온라인 텍스트에는 명백히 해결해야 할 문제들이 있지만, 그렇다고 텍스트 자체가 사라지지는 않을 것이다. 여러분 스스로의 경험에서 알 수 있듯이, 우리에게 노출되는 디지털 텍스트의 양은 매년 증가하고 있다. 실제로 2011년은 인터넷 서점 아마존이 종이책보다 전자책을 더 많이 판매한 첫 번째 해로 기록되었다(Miller & Bosman, 2011).

학생들을 현대 사회에서 제대로 읽을 수 있도록 준비시키려면, 디지털 텍스트를 무시하는 것은 결코 도움이 되지 않는다. 마리안 울프Maryanne Wolf는 자신의 저서《다시, 책으로: 순간접속의 시대에 책을 읽는다는 것 Reader, Come Home: The Reading Brain in a Digital World》(2019)에서 학생들이 '양손잡이 읽기 뇌biliterate reading brains'를 발달시키도록 돕는 일의 중요성을 논의했다. 양손잡이 읽기 뇌를 사용하면 궁극적으로 인쇄된 글과 디지털 텍스트 둘 다에서 문해력을 갖추고, 둘 사이에서 '코드 전환code-switch'을 할 수 있다.

그러나 두 형태의 읽기를 똑같은 방식으로 접근할 수는 없다는 점을 앞서 언급하였다. 학생들이 디지털 텍스트를 깊이 있게, 의미 있는 방식으로 이해하고, 인쇄물과 온라인 매체 사이의 이해도 격차를 좁히는 방법을 익힐 수 있도록 적극적이고 전략적으로 디지털 읽기 경험을 설계해야 한다. 디지털 매체의 강점을 기반으로 설계하면서도 디지털 매체의 한계에 정면으로 대응할 때 이를 달성할 수 있다.

## 훑어 읽기 방법 고안하기

온라인에서 효과적으로 텍스트를 읽게 하는 방법 중 하나는 애초에 학생들이 훑어볼 것을 가정하고 글을 설계하는 것이고, 다른 하나는 깊이 있는 읽기를 강화할 수 있도록 읽기 활동을 설계하는 것이다. 두 가지 방식 모두에 능숙해지면 좋은데, 디지털 콘텐츠 읽기에 접근하는 방식은 해당하는 수업이나 활동의 목표가 무엇이냐에 달려 있다.

글을 읽는 목적이 끝까지 읽는 것이 아니라 그저 내용을 효율적으로 습득하는 데 있다면, 이해도를 극대화하는 방향으로 글을 재설계하는 방법을 익히는 것이 도움이 된다. 한 가지 방법은 글을 훑어볼 수 있게 만드는 것이다.

## 핵심 단어

글을 훑어보는 학생들이 중요한 지점에서 주의를 집중하도록 만들고 싶다면, 중요한 단어에 강조 표시를 해 보자. 7장에서는 이에 대한 구체적인 제안과 더불어, 색깔 선택 및 사용하는 색깔의 개수에 관련된 주의점을 제시한다. 몇 가지 지침을 따르기만 한다면, 핵심 단어에 강조 표시를 하는 것은 중요한 내용에 학생들의 주의를 집중시키는 유용하고 효과적인 방법이다.

사람들은 온라인에서 텍스트를 읽을 때 보통 한 줄이나 한 문장의 처음 몇 개 단어만 읽고 그다음 문장으로 넘어간다. 이것은 독자들이 디지털 텍스트를 훑어보는 공통된 방식이다. 이 점을 고려하여 문장 시작 부분에 핵심 단어를 먼저 제시하는 식으로 전략적으로 글을 작성할 수 있다. 이렇게 하면 학생들이 글을 훑어보고 문장의 마지막 부분을 놓치더라도, 중요한 단어는 대부분 읽게 될 것이다.

## 제목과 목록

디지털 텍스트를 훑어볼 때 독자들은 보통 제목과 부제를 참고하여 내용을 빠르게 훑어 내려간다. 따라서 글 전반에 걸쳐 정보성 제목을 자주 사용하면 독자가 글의 핵심을 파악하는 데 도움이 된다. 학생들의 경우도 마찬가지다. 단락을 적절히 요약하는 부제가 기발하고 모호한 제목보다 낫다는 것을 염두에 두자.

글머리 기호가 붙은 목록은 이해도를 극대화하도록 돕는 또 다른 디지털 텍스트 작성 전략이다. 글머리 기호가 붙은 목록은 빠르게 훑어보기 쉽다. 수업할 때 작성하는 디지털 텍스트를 떠올려 보자. 목록으로 바꿀 수 있는 단락이 있다면 그렇게 수정하는 것이 도움이 된다.

## 단락 구성

사용자들이 화면상에서 문장이나 각 줄의 시작 부분만 훑어보고 끝까지 읽지 않는 것처럼, 단락에서도 똑같은 일이 일어난다. 학생들은 흔히 단락의 첫 부분만 읽고 핵심 정보를 파악했다고 생각되면 다음 단락으로 넘어간다. 학생들이 이런 식으로 글을 훑어볼 것이라는 점을 고려하면 한 단락에 핵심 사항을 한 개만 포함시키는 편이 좋을 것이다. 한 단락에 핵심 내용이 두 개 이상이면, 글을 훑어보는 학생들은 두 번째나 세 번째 아이디어를 보기 전에 읽기를 멈출 가능성이 높다.

디지털 텍스트의 단락을 구성할 때 내용의 중요도에 따라 글을 조직하는 것도 좋다. 가장 중요한 정보를 글 앞부분에 배치하는 식으로 말이다. 많은 기자들이 뉴스 기사를 쓸 때 이러한 역피라미드 전략을 사용한다. 즉, 새로운 뉴스로서 가장 가치 있는 정보나 주제로 기사를 시작하고, 중요한 세부 사항을 그다음에 제시한 뒤, 기사 전체로 보았을 때 상대적으로 덜 중요한 일반적인 뒷받침 정보로 기사를 끝마친다.

역피라미드형 글쓰기의 전제는 각 개인이 기사를 어느 정도까지 읽든지 간

[그림 6.1] 가장 중요한 정보를 글 앞부분에 배치하는 역피라미드형 글쓰기 도식.

에 모든 독자가 공평하게 이해할 수 있게 한다는 것이다. 기사 전체를 읽으면 가장 중요한 정보와 함께 구체적인 세부 사항들도 함께 읽게 되고, 기사의 첫 부분만 읽더라도 가장 중요한 정보는 알고 넘어가게 될 것이다.

### 읽는 목적 고려하기

디지털 텍스트를 작성하거나 학생들에게 디지털 텍스트를 소개할 때, 글을 훑어보는 사람의 관점에서 글을 대하는 것이 좋다. 만일 텍스트를 소개하는 목적이 지속적이거나 깊이 있는 읽기가 아니라 내용의 습득이라면, 훑어보기에 더 좋은 텍스트를 찾거나 만들어 내는 것이 유용한 전략이다. 이어지는 장에서 학생들이 더 효율적이고 효과적으로 정보를 처리할 수 있도록 디지털 콘텐츠를 설계하는 일에 대해 자세히 알아볼 것이다. 이는 온라인상에서 읽는 자연스러운 방식대로 디지털 텍스트와 멀티미디어를 설계하는 데에도 도움이 될 것이다.

## 능동적인 읽기 전략

여러분의 목표가 학생들이 온라인상에서 텍스트를 깊이 있게 읽도록 하는 것이라면, 훑어보기 좋은 글을 설계하는 것만으로는 충분하지 않다. 학생들이 디지털로든 인쇄물로든 모든 종류의 글을 능동적으로 읽는 법을 배울 수 있게 해야 한다. 다행히도 학생들에게 온라인 텍스트를 전달할 때 전통적인 인쇄물 읽기에 못지않은 이해도와 공평한 읽기 경험을 보장할 수 있도록 시도해 볼 만한 전략들이 있다. 디지털 텍스트를 훑어보는 방식에서 벗어나 깊이 있게 읽도록 하는 몇 가지 전략을 살펴보자.

## 교실 안에서 디지털로 읽기

학생들이 읽는 속도를 늦추고 자신들의 디지털 읽기에 대해 성찰하는 시간을 가질 수 있다면 도움이 될 것이다. 개별 과제로든 전체 그룹 지도로든, 학생들이 수업 시간에 읽기를 진행할 때 디지털 읽기를 전략적으로 수행할 수 있다.

우선, 학생들에게 여러 텍스트 자원을 본보기로 보여 주는 것이 중요하다. 예를 들어, 소리 내어 읽기를 꼭 그림책으로 할 필요는 없다. 인쇄물로 된 텍스트 자원 외에도 여러 가지 형식, 가령 전자책, 블로그, 인포그래픽[12] 등을 소개하자. 팸 앨린Pam Allyn과 모니카 번스Monica Burns가 공동 저술한《야생의 글 길들이기Taming the Wild Text》(2017)에서는 디지털 텍스트를 위해 앵커 차트[13]를 사용할 것을 제안한다. 많은 초등학교 교사들이 인쇄물로 된 논픽션 글을 안내하기 위해 앵커 차트를 만든다. 이처럼 다양한 디지털 자료에 대해 독자들이 느끼는 차이점을 논의하기 위해 앵커 차트를 만드는 것을 고려해 보자. 똑같은 주제라도 인포그래픽을 읽는 방식과 종이 잡지 기사를 읽는 방식은 매우 다르다.

디지털 텍스트 과제를 능동적으로 읽게 하려고 모든 학생에게 기기를 한 대씩 나누어 줄 필요는 없다. 나는 보통 학생 두 명당 기기 한 대씩 나누어 준다. 학생 두 명이 기기 한 대를 가지고 학습하면 아주 효과적인 협업 활동을 고안할 수 있는데, 이를테면 학생 한 명은 '운전자'가 되고 한 명은 '안내자'가 되게 한다. 운전자는 기기를 다룰 책임이 있는 학생이다. 안내자는 운전자에게 클릭할 대상을 말로 안내한다. 그런 뒤 서로 역할을 바꾼다. 읽은 글에 대해서 또는 멀티미디어 자료를 보여 준 다음에 이런 종류의 활동을 수행하게 하면, 학생들이 과제를 진행하면서 집중하고, 협업하고, 참여하는 데 도움이 된다.

.............

12　정보를 빠르고 분명하게 표현하기 위해 그래픽 시각적으로 표현한 것으로, 차트, 다이어그램, 흐름도, 로고 등이 포함된다.
13　수업 목표나 그날 배울 내용 등을 간단히 적고 알록달록하게 꾸민 포스터로, 교실 앞에 붙여 놓고 수업을 진행하면서 학생들에게 학습을 안내하는 용도로 사용한다.

캘리포니아대학교 버클리 UC Berkeley의 역사–사회과학 프로젝트 교육공학 책임자인 데빈 헤스Devin Hess는 학생들이 속도를 늦추고 의미 있는 방식으로 읽도록 하는, 깊이 있는 디지털 콘텐츠 읽기 4단계 접근법을 공유했다. 헤스에 따르면 어떤 능동적인 읽기 전략이든 다음의 4가지 핵심 요소를 포함한다.

1. 속도 늦추기: 학생들이 글을 천천히 신중하게 읽도록 돕기
2. 능동적인 참여: 반응하기, 주석 달기, 필기하기, 그 외 다른 읽기 전략을 사용하여 학생들이 읽기에 능동적으로 참여하게 하기
3. 글에 관해 대화하기: 학생들의 주의를 화면에서 서로에게로 옮기기. 학생들이 읽은 것에 대해 친구들과 함께 소리 내어 논의하게 하기
4. 성찰: 학생들이 자신들의 읽기를 성찰하게 하기(Schwartz, 2016)

## 로드맵 만들기

온라인상에서 읽을 때는 공간적인 정보가 부족하므로, 디지털 텍스트를 탐색하고 이해하는 일이 어려울 수 있다. 유명한 문해력 자문위원인 크리스티나 스메켄스Kristina Smekens는 다음과 같이 말한다. "만일 학생들이 글을 읽으면서 현재 글의 어느 부분을 읽고 있는지 모른다면, 읽은 뒤 다시 돌아가 정보를 찾는 데 훨씬 어려움을 겪을 것이다."(Smekens, 2017) 이를 해결하기 위해 스메켄스는 학생들이 종이에 필기를 하며 읽기에 대한 로드맵(안내 지도)을 만들 것을 제안한다. 화려할 필요는 없다. 그저 학생들에게 종이를 한 장씩 나누어 주고, 읽으면서 중요한 세부 사항들을 종이에 끄적이게 한다. 이것이 디지털 텍스트에 대한 로드맵이 되어 학생들이 읽기를 시각화하고 추적하도록 돕는다(Smekens, 2017).

디지털 읽기를 하며 종이에 필기하는 활동을 병행하는 것은 화면을 너무 오래 볼 때 경험하는 눈의 피로를 줄이는 데에도 도움이 된다. 그리고 이렇게 하면

학생들이 온라인상에서 필기를 하는 창과 읽기를 하는 창 사이를 계속해서 왔다 갔다 하지 않아도 된다. 디지털 기술이 늘 가장 좋은 학습 도구는 아님을 명심하자.

## 협업 문서 사용하기

주석을 달게 하는 것은 디지털 텍스트를 능동적으로 읽게 만드는 훌륭한 방법이다. 하지만 많은 교사들이 주석 도구가 내장된 온라인 독해 플랫폼에 접속할 수 있는 권한이 없을 것이다. 그래도 방법은 있다. 구글 드라이브, 마이크로소프트 원드라이브나 다른 협업 문서 도구에 접속할 수 있다면 광범위한 무료 주석 도구가 여러분의 손 안에 있는 셈이다.

디지털 텍스트를 복사해서 협업 문서에 붙여 넣기 하면(출처를 표기하고 저작권이나 공정 사용 조항을 침해하지 않도록 주의한다), 학생들이 댓글 도구, 강조 표시 도구, 읽으면서 문서에 직접 글을 적을 수 있는 도구까지도 활용할 수 있다.

### 제목과 강조 표시

캘리포니아대학교 버클리의 데빈 헤스는 '제목과 강조 표시'(Schwartz, 2016)라는 읽기 전략을 추천한다. 이 전략은 간단하다.

1. 디지털 텍스트를 복사해서 협업 문서에 붙여 넣기 한 다음, 글에서 제목을 전부 지운다.
2. 학생들이 처음 글을 읽을 때 중요한 정보에 강조 표시를 하며 읽도록 안내한다.
3. 글을 다 읽으면, 자신이 한 강조 표시를 보고 정보를 요약하도록 한다.
4. 다시 글을 살펴보며 자신이 한 강조 표시를 사용해서 자신만의 제목과 부제를 추가하게 한다.

이러한 전략의 원래 목적은 제목을 맞추는 것이 아니라, 글의 각 부분에 대한 적절한 요약을 제시하는 것이다. 이것은 여러 가지 면에서 유용한데, 먼저 학생들에게 단순히 글을 훑어보는 것 이상을 요구한다. 학생들은 속도를 늦추고 주제와 각 부분의 핵심을 파악해야 한다. 이는 아무런 읽기 활동이 부과되지 않은 채 글만 제시하는 것보다 더 깊이 있는 읽기를 가능하게 한다.

다음으로, 이것은 교사들을 위한 빠른 평가 도구가 된다. 디지털 텍스트의 주제를 잘 이해하고 있는지 확인하기 위해서는 학생들이 적은 제목을 띄우기만 하면 된다. 구글 독스를 사용하면 훨씬 쉬운데, '문서 개요 표시'를 클릭해 옆쪽에 뜨는 표처럼 생긴 제목 목록을 보면 된다.

### SQ3R 전략

SQ3R 전략은 내가 협업 문서와 더불어 사용하기 좋아하는 또 다른 능동적인 읽기 전략이다. SQ3R은 인쇄물과 디지털 텍스트 모두에 적용할 수 있는 5단계 읽기 전략이다.

1. 훑어보기(**S**can): 대략적인 내용을 알기 위해 문서를 훑어본다.
2. 질문하기(**Q**uestion): 내용에 대해 궁금한 것이라면 무엇이든 적는다.
3. 읽기(**R**ead): 전체 글을 읽으면서 강조 표시 도구와 주석 달기 기능을 사용하여 주석을 달고 필기를 한다.
4. 복습하기(**R**eview): 필기한 것을 복습한다. 자료에 대해 동료들과 논의하는 것도 좋다.
5. 회상하기(**R**ecall): 글의 의도, 주요 사실, 세부 사항을 기록하거나 숙고하면서 중요한 정보를 회상한다.

사이트 bit.ly/SQ3Rlesson에서 메리 번스Mary Burns가 진행한 SQ3R 기반의 상호작용 수업을 간단히 확인할 수 있다.

SQ3R 전략은 전문적인 학습을 하는 성인 학습자에게도 적용할 수 있다. QR코드를 스캔해서 가상 학교 직원들을 대상으로 진행한 수업을 보거나, 사이트 bit.ly/SQ3Rexample에서 해당 수업 및 디지털 읽기 전략에 대한 기사를 읽어 보기 바란다.

SQ3R 예시

SQ3R 전략으로 진행된 수업

### 꼼꼼하게 읽기와 주석 달기를 위한 제시문

온라인상에서 아주 간단한 방법으로 꼼꼼하게 읽기 활동을 할 수도 있다. 디지털 텍스트를 복사해서 협업 문서에 붙여 넣기 하면, 학생들은 반 전체, 그룹, 개인별로 주석을 달고 댓글을 적을 수 있다. 이것은 정해진 방식 없이 자유롭게 이루어질 수도 있고, 꼼꼼하게 읽기를 위한 제시문이 구체적으로 주어진 상태에서 이루어질 수도 있다.

꼼꼼하게 읽기 질문과 제시문 제작 아이디어

나는 그룹별로 주석 달기와 기사에 대한 논의를 촉진하기 위해 구글 독스 문서의 주석 달기 기능을 즐겨 사용한다. 학생들은 텍스트에 대한 각자의 생각을 비동시적으로 말할 수 있고, 학생들이 텍스트에 대해 대화를 나눈 다음 교사는 질문을 던지거나 대화를 확장시키면서 논의를 조정할 수 있다.

텍스트를 더 깊이 파고들게 할 수 있는 아이디어를 얻고 싶다면, 크리스티나 스메켄스의 기사 "글에 기반한 질문 계획하고 제시하기Plan & Ask Text-Dependent Questions"(2019)를 살펴보자. 이 기사는 여러분이 디지털 텍스트를 가지고 능동적인 읽기 활동을 개발할 때 꼼꼼하게 읽기 질문과 제시문을 제작하는 여러 아이디어를 제안한다. 사이트 bit.ly/closequestions에서 확인할 수 있다.

### 능동적인 읽기 도구

디지털 텍스트로 능동적인 읽기의 기회를 만드는 데 도움을 줄 수 있는 도구가 몇 가지 있다. 다음은 내가 특히 좋아하는 것들이다.

**포머티브**Formative 포머티브(goformative.com)는 PDF나 문서를 업로드하고 그 안에 상호작용 요소를 만들 수 있게 한다. 예를 들어, 디지털 텍스트를 업로드한 후 능동적인 읽기 제시문을 문서에 추가해서 학생의 진전 과정을 추적할 수 있다. 사이트 내 자료실(Library)에서 이미 만들어진 활동을 검색하고 내려받아 사용할 수도 있다.

**인서트러닝**InsertLearning 인서트러닝(insertlearning.com)을 사용하면 웹페이지에 내용과 평가를 삽입해 학생들에게 띄울 수 있다. 수동적인 온라인 읽기를 상호작용 경험으로 전환시킬 수 있다.

**에드퍼즐**Edpuzzle 케이트 베이커Kate Baker는 상호작용형 영상 제작 도구인 에드퍼즐(edpuzzle.com)을 사용하여 이해도 확인 질문이 포함된 오디오북을 만들 것을 제안한다.

**디지털 주석 기능 상위 목록** 코먼센스미디어Common Sense Media에서는 주목할 만한 디지털 주석 도구 상위 18개 목록을 작성했다. 사이트 bit.ly/CSMannotation에서 목록을 확인할 수 있다.

## 인쇄물이냐 디지털 텍스트냐

블렌디드 교실에서는 인쇄물이든 디지털 텍스트든 학생들에게 다양한 텍스트를 소개하는 것이 중요하다. 그러면 무엇이 인쇄물이어야 하고 무엇이 디지털 텍스트여야 하는지 어떻게 결정하면 좋을까? 당연한 이야기지만, 매 경우마다 그때그때 가장 좋은 도구가 무엇인지 고민해야 한다.

한 가지 고려할 것은 읽기의 목적이다. 연구를 통해 확인했듯이, 디지털 텍스트를 읽은 독자는 인쇄물을 읽은 독자보다 사실과 수치를 더 잘 기억해 내지만, 추가 지원이 없으면 더 높은 수준의 이해를 하는 데에는 어려움을 겪는다. 따라서 여러분이 실행할 글 이해하기 활동에 알맞은 텍스트 종류를 대응시켜야 한다.

디지털 자료를 제시하면서 깊이 있는 읽기가 가능하게 만들고 싶다면, 여러분이 도입할 능동적인 읽기 전략에 유념하기 바란다. 디지털 텍스트로 깊이 읽는 데 어려움이 있다고 해서 아예 배제할 필요는 없다. 오히려 극복해야 할 과제가 있기 때문에 반드시 의도적으로 인쇄물과 디지털 텍스트의 차이를 가르치고 학생들이 모든 텍스트를 깊은 수준에서 이해할 수 있게 도와야 한다.

《증폭하라》의 공동 저자인 케이티 무타리스Katie Muhtaris와 크리스틴 지엠케는 디지털 텍스트를 아날로그 읽기 활동과 연계하거나 반대로 아날로그 텍스트를 디지털 읽기 활동과 연계할 것을 제안한다(Muhtaris & Ziemke, 2015). 학생들에게 온라인으로 텍스트를 읽게 했다면, 학습지를 작성하는 활동이나 동료와 대화하는 능동적인 읽기 전략을 사용하게 하자. 학생들이 책이나 인쇄물을 읽는다면, 독후 활동은 디지털로 하는 것을 고려해 보자.

결국 모든 형태의 텍스트와 미디어를 읽는 것을 포함하여 학생들이 현대적인 읽기를 할 수 있게 준비시키는 것은 교사의 책임이다.

## 6장의 핵심 내용

이 장의 중요한 내용을 교육자 대상 국제교육기술협회 성취기준과 대응하여 제시하면 다음과 같다.

- 사람들은 인쇄물보다 디지털 텍스트를 읽을 때 더 훑어보는 경향이 있다. (교육자 1c)
- 디지털 텍스트 읽기 지도 방식을 변화시키지 않는 한, 온라인으로 읽는 것은 인쇄물을 읽는 것보다 글에 대한 이해도가 더 낮을 수 있다. (교육자 1c)
- 디지털 텍스트를 작성할 때 핵심 단어에 강조 표시를 하고, 중요한 단어를 앞부분에 배치하고, 한 단락에 하나의 아이디어만을 넣고, 글머리 기호가 붙은 목록을 활용하는 등의 전략을 사용하면, 온라인으로 읽는 방식에 맞게 텍스트를 작성할 수 있다. (교육자 1c, 5c)
- 온라인상에서 깊이 있는 읽기를 능동적으로 할 수 있게 하려면, 디지털 주석 달기, 의미 있게 숙고하기, 글에 관해 대화하기 등의 기회를 제공해야 한다. 이 장에 제시된 여러 전략은 이를 달성하는 데 도움을 줄 수 있다. (교육자 1a, 1c, 5b, 5c, 7b)
- 교사에게는 인쇄물이든 디지털 텍스트든 모든 종류의 텍스트를 높은 수준에서 이해할 수 있게 학생을 준비시킬 책임이 있다. 이는 우리가 인쇄물과 디지털 텍스트를 다른 방식으로 접근해야 함을 의미한다. (교육자 1a, 1c, 5c)

## 더 생각해 보기

6장을 읽고, 자신의 수업에서 이 장의 아이디어를 어떻게 적용할 수 있을지 다음의 질문을 통해 생각해 보자.

- 지난주에 읽은 다양한 종류의 글 전부를 목록으로 적는 데 성공했는가? 적으면서 무엇을 알아차렸는가?
- 현재 학생들에게 어떤 종류의 글을 소개하고 있나? 인쇄물과 디지털 텍스트 사이의 균형은 잘 잡혀 있는가?
- 학생들에게 새로 소개할 만한 디지털 텍스트나 디지털 미디어로는 어떤 것이 있는가?(블로그, 인포그래픽, 소셜 미디어, 전자책 등)
- 디지털 텍스트를 읽을 때 사용할 수 있는 능동적인 읽기 전략에는 또 어떤 것이 있을까?

여러분이 더 생각한 내용을 해시태그 #PerfectBlendBook을 달아 온라인에 공유하자.

**디지털 콘텐츠 설계로 시작하기**

**이 장의 목표**

- 블렌디드 학습 환경에서 사용하는 적응형 소프트웨어와 교사가 개발한
  콘텐츠의 장점과 단점을 이해한다.
- 정교하게 설계된 블렌디드 교실에서 적응형 소프트웨어의 역할은 무엇인지
  성찰한다.
- 전통적인 교실의 수업을 복제하는 방식에서 벗어나 디지털 콘텐츠 수업 설계에
  대해 다시 생각해 본다.
- 글꼴이나 색깔 같은 디자인 요소 선택이 학습에 미치는 영향을 이해한다.

## 어떤 디지털 콘텐츠를 사용할 것인가

모든 블렌디드 교실에서 핵심 요소는 학생들에게 전달되는 디지털 콘텐츠이다. 이 디지털 콘텐츠가 블렌디드 학습의 초석이다. 그런데 어떤 디지털 콘텐츠를 사용해야 하는가? 교사들은 학습관리시스템을 사용하거나 하이퍼 문서를 만들어서 자신만의 디지털 수업을 설계할 수 있다. 학교나 교육청에서 구독하는 적응형 학습 소프트웨어나 온라인 교육용 프로그램을 선택해서 사용할 수도 있다. 그리고 어떤 교실에서는 두 가지를 결합하는 것이 가장 적합할지도 모른다. 적응형 소프트웨어와 직접 고안한 디지털 수업 중 어떤 접근법을 선택하든지 간에, 그것을 선택하는 것이 왜 더 유용한지를 이해한다면 더욱 효과적으로 교실에 적용할 수 있다.

각각의 접근법에는 몇 가지 장점과 단점이 있다(표 7.1 참조). 특정한 학교나 교실에 잘 맞는 접근법이 다른 곳에서는 맞지 않을 수도 있지만, 그래도 괜찮다. 교실에 맞는 블렌디드 구조를 설계할 때와 마찬가지로, 모두에게 '옳은' 결정은 없다. 개별 상황에 알맞은 선택만이 있을 뿐이다.

### 자신만의 콘텐츠 설계하기

교사가 직접 디지털 수업을 기초부터 만들기로 결정했을 때, 가장 먼저 접하는 장점 중 하나는 디지털 콘텐츠에 대한 소유권과 승인을 얻는다는 점이다. 직접 콘텐츠를 설계하면 콘텐츠에 대한 이해도가 더 높을 것이므로 디지털 수업에서 더 효율적으로 가르치고 학습을 촉진할 수 있다. 만일 미리 만들어진 온라인 교육과정의 온라인 자료를 사용한다면 그렇지 못할 것이다. 특히 처음이라면 더욱 그렇다.

게다가 같은 과정을 가르치는 교사라도 정확히 같은 방식으로 수업을 진행하지는 않는 것처럼, 온라인 수업은 굉장히 다양한 방식으로 진행될 수 있다. 직접 온라인 학습 경험을 설계하는 능력을 갖게 되면 그러한 수업 방식의 차이를 존중할 수 있고, 디지털 학습 경험에 대해 주인 의식을 갖게 된다. 이는 학생들에게도 굉장한 이득이 된다. 디지털 수업을 기초부터 설계할 때 주어지는 이러한 종류의 유연성은 구매 가능한 온라인 수업에서는 일반적으로 적용되지 않는다.

현실적으로 비용을 절약할 수 있다는 점도 또 다른 장점이다. 교사나 학교, 교육청에서 온라인 학습 프로그램을 사려면 보통은 꽤 큰돈이 든다. 직접 콘텐츠를 설계한다면 소프트웨어를 구입할 예산이 있는 사람들만 블렌디드 학습의 혜택을 누릴 수 있는 것은 아니라는 걸 보여 줄 수 있다.

그렇다고 해서 디지털 콘텐츠를 기초부터 만드는 것이 항상 최상의 해결책인 것은 아니다. 디지털 콘텐츠를 온라인으로 학습하는 방식에 맞추어 설계하려면 이해할 것도 많고, 설계에 많은 시간을 들여야 한다. 물론 디지털 콘텐츠를 설계하고 편집하는 경험이 쌓일수록 속도는 빨라질 것이다. 그러나 교사들이 수준 높은 디지털 학습을 설계하기 위해 들여야 하는 시간과 노력을 가볍게 여길 수는 없다.

마지막으로 소속 교육청의 학습관리시스템이나 생산성 도구[14] 모음을 이용해 내부에서 디지털 수업을 제작할 수도 있지만 디자인 작업에 한계를 느낄 수 있다. 여러분이 이러닝 디자인 전문가는 아니기 때문이다. 역동적인 콘텐츠를 설계할 수 있는 도구가 많이 있기는 하지만, 콘텐츠를 개발하는 숙련된 직원들이 만든 유료 강좌나 소프트웨어 판매자로부터 구입하는 콘텐츠가 더 전문적이고 많은 기능을 가졌을 것이다.

## 구매 가능한 디지털 콘텐츠 사용하기

가장 역동적인 콘텐츠를 사용하고자 한다면, 온라인 교육용 프로그램을 구입하는 것이 가장 좋은 선택지이다. 온라인 소프트웨어를 파는 회사들은 전문적

.............

14  업무 효율을 높이기 위한 목적으로 사용되는 프로그램 및 애플리케이션으로, 업무에 필요한 몇 가지 기능에 중점을 두고 만들어진 경우가 많다.

이고 역동적인 콘텐츠를 창조하는 개발자들을 직원으로 두고 있다. 시판되는 온라인 지도용 콘텐츠는 교사가 만들고 편집한 콘텐츠에는 쉽게 넣을 수 없는 강점과 추가 기능이 들어가 있을 가능성이 높다.

　시판되는 콘텐츠는 전문적으로 제작되었을 뿐만 아니라, 더 이상 접속되지 않는 링크를 관리하거나 기술적인 지원을 제공하는 책임이 교사만이 아니라 회사에도 있다는 장점을 가진다(기술적인 문제에 대처하는 능력과 유연성을 갖는 일은 교사에게도 여전히 중요하겠지만 말이다).

　앞서 논의했듯이, 블렌디드 학습의 가장 큰 장점 중 하나는 학생 각자에 맞게 개인화할 수 있는 잠재력이 있다는 것이다. 개인화 수업을 실현하는 방법 중 하나가 적응형 콘텐츠를 사용하는 것인데, 숙련된 개발자들이 만든 구매 가능한 콘텐츠는 일반적으로 이러한 종류의 정교한 콘텐츠에 대한 역량이 더 높다. 교사가 직접 온라인 수업을 설계하면서 구매 가능한 콘텐츠 수준으로 개별화된 디지털 학습 경험을 구현하는 것은 쉬운 일이 아니다(불가능하다는 말은 아니다).

　구매 가능한 콘텐츠가 블렌디드 교실에 대한 접근성을 높여 주기는 하지만 여기에는 부정적인 면도 있다. 이미 만들어진 온라인 학습 과정이나 수업에서는 교사가 유연하게 콘텐츠를 재구성하기 어려울 수 있다. 교사가 학생 각자의 개별적인 필요를 충족시키려면 콘텐츠와 평가 문항을 추가하거나 제거하고, 편집하는 능력이 중요하다. 학생 특성에 맞게 수업을 재구성하거나 변형할 수 없다면, 차별화와 개별화는 훨씬 어려워진다. 맞춤화가 가능한 정도는 제품마다 다르므로 근무하는 학교에서 구매 가능한 콘텐츠를 사용하기로 결정했다면 여러 선택지를 탐색하는 것이 중요하다. 물론, 교사가 직접 설계하고 만든 디지털 수업이 통제하기는 가장 쉬울 것이다.

　이미 만들어진 콘텐츠의 또 다른 단점은 표준화된 교육 내용이 여러 주(州)에 적용된다는 점이다. 일반적으로 널리 판매하기 위해 만들어진 온라인 콘텐츠는 학교 내부에서 만든 콘텐츠에 비해 개별 주마다 수립된 성취기준에 완벽히 대응되지 않는다. 이 사실에 비추어 본다면, 본질적으로 유연성이 낮은 콘텐츠를 교육청이나 학교에서 세운 교육과정 개요에 맞추어 수정하기는 어려울 가능성이 높다.

## 구매 가능한 소프트웨어와 교사가 만든 콘텐츠 결합하기

물론, 교사가 만든 콘텐츠와 시판용 콘텐츠를 결합하는 것이 블렌디드 교실에 가장 알맞을 때도 있다. 이미 소프트웨어를 구입하여 사용법을 숙지했다면, 디지털 콘텐츠를 설계할 때 혼합 접근법을 취할 것을 강력하게 추천한다. 학생들을 가장 잘 알고 있는 교사가 정교하게 설계한 디지털 수업에 시판용 콘텐츠를 결합한다면, 전문적인 콘텐츠가 가진 적응력을 최대한 활용할 수 있다.

종합하면, 시판용 디지털 소프트웨어를 유일한 수업 방법으로 사용하기보

[표 7.1] 적응형 소프트웨어와 직접 고안한 디지털 콘텐츠의 장단점.

| | 장점 | 단점 |
|---|---|---|
| 교사가 만든 디지털 콘텐츠 | • 디지털 콘텐츠에 대한 소유권과 승인<br>• 직접 설계했으므로 가르치고 이해하기 쉬움<br>• 고유한 지도 스타일 존중<br>• 유연성<br>• 비용 절감 | • 시간이 많이 듦<br>• 기술적 능력이나 사용 가능한 설계 도구에 의한 제약 |
| 시판용 디지털 콘텐츠 | • 역동적이고 전문적인 콘텐츠<br>• 기술적인 책임을 회사가 짐<br>• 더 효용적인 적응 역량<br>• 콘텐츠를 준비하는 데 드는 시간이 짧음 | • 많은 조건을 고려하는 유연성은 떨어짐<br>• 주, 교육청, 교실의 필요에 정확히 대응되지 않음<br>• 비용 |
| 디지털 콘텐츠의 혼합 | • 유연성을 유지하면서 적응형 콘텐츠를 활용할 수 있음<br>• 두 종류의 디지털 콘텐츠 모두의 장점을 취할 수 있음 | • 비용<br>• 교사가 만든 콘텐츠를 구동하는 플랫폼에 시판용 콘텐츠가 잘 통합되지 않을 수 있음 |

다는 교사가 설계한 수업 콘텐츠의 일부로 생각하기를 권한다. 이렇게 하면 디지털 수업의 두 가지 유형에서 장점을 전부 취할 수 있고, 구입한 플랫폼만으로 수업하는 단점의 일부를 보완할 수 있다.

## 디지털 콘텐츠 설계하기

적응형 또는 시판용 콘텐츠 사용 여부에 상관없이, 디지털 수업을 설계할 때 어떤 것을 표현하고 고려해야 하는지 살펴보자. 디지털 자료를 설계할 때 온라인 학습의 성공과 실패에 영향을 미치는 몇 가지 요소가 있다.

### 보이는 방식이 중요하다

우선 고려해야 할 점은 디지털 콘텐츠가 '어떻게 보이는지'가 학생들이 제시된 정보를 이해하는 방식에 영향을 준다는 것이다. 여러분도 언젠가 학생들에게 비슷한 느낌을 이야기했을 것이다. 학생이 학습 자료를 충분히 잘 이해했다는 생각이 드는 과제물을 제출했더라도, 그 내용이 잘 정돈되어 제시되지 않으면 높은 수준으로 평가하기 어려울 수 있다. 여러분의 온라인 수업도 똑같다.

단순히 디지털 콘텐츠를 블렌디드 학습을 통해 교실에 소개하는 것 자체만으로는 변화를 일으킬 수 없다. 《이러닝 설계E-Learning by Design》의 저자인 윌리엄 호턴William Horton은 "수업 설계를 제대로 하지 않는다면, 디지털 기술은 실패에 이르는 속도와 확실성을 높일 뿐이다"(Horton, 2011)라고 말했다. 일반적으로 디지털 기술은 훌륭한 증폭자이다. 좋은 수업도 증폭시키지만, 나쁜 교육적 실천도 증폭시킨다. 그나마 다행인 건, 우리가 디지털 수업에서 공유한 정보를 학생들이 잘 기억할 수 있도록 수업을 설계할 수 있다는 점이다.

## 디자인의 일관성

일관성은 디지털 콘텐츠를 아름답고 기능적으로 설계하기 위한 핵심 요소이다. 학생들에게 구글 슬라이드 같은 도구로 협업 활동을 하게 한 적이 있다면, 일관성이 사라졌을 때 어떤 일이 벌어지는지 정확히 알고 있을 것이다. 다섯 명이 슬라이드 발표 하나를 만들면, 그 발표에는 테마가 최소한 다섯 개쯤 있고, 글꼴들이 줄줄이 등장하고, 색깔은 요란하다. 결국은 아무것도 서로를 보완하지 못할 것이다.

이런 발표는 집중하기도 어렵고 대체로 보기 좋지도 않다. 나는 이런 슬라이드 발표를 보통 '프랑켄슬라이드'라고 부른다. 똑같은 일이 온라인 수업에서도 일어날 수 있다. 각각의 슬라이드, 페이지, 내용 일부를 디지털 자료 전체에 사용된 전반적인 디자인 전략과 동떨어지게 디자인한다면 말이다. 제발 이런 괴물은 만들지 말아야 한다.

이것은 왜 중요할까? 우리는 디지털 교실을 제2의 교실처럼 생각해야 한다. 교실 공간이 늘 일관된 형태를 띠는 것이 능률에 얼마나 큰 영향을 미치는지는 익히 알려져 있다. 어떤 사람들은 집에도 사무실 같은 공간을 마련해 두는데 이는 직장과 비슷한 공간을 마련해야 업무 효율을 높일 수 있다고 확신한다는 뜻이다. 이러한 이유로 많은 학교에서는 표준화된 시험을 치를 때 학생들이 매일 생활하던 곳과 같은 공간을 선호한다. 일관된 학습 환경이 시험 성적을 향상시키는 데 도움이 되기 때문이다(Houdek, 2018).

환경의 일관성이 학업 성취에 영향을 미친다면, 이것이 온라인 학습 활동에 시사하는 점은 무엇일까? 매 디지털 수업이나 발표, 문서를 각각 다르게 보이고, 다르게 느껴지고, 다르게 작동하도록 디자인한다면, 우리는 본질적으로 각각의 내용에 대해 완전히 새로운 디지털 교실을 만드는 것이다. 학생들이 여러분의 디지털 교실로 매일 '걸어 들어올' 때 겪을 일을 생각해 보자. 같은 교실이라고 여길까? 아니면 매번 낯선 공간에 익숙해져야 할까?

온라인 '프랑켄수업'을 만들지 말자. 디지털 자료와 디지털 학습 환경의 기능을 다 같이 전체적으로 향상시킬 수 있는 요소로서 일관성을 고려해야 한다. 온라인 활동을 설계할 때, 탐색 요소, 색깔, 글꼴 등 세 가지 중요한 요소를 고려한다면 일관되게 디자인을 적용할 수 있다. 이 세 가지 요소를 결합해 디지털 콘텐츠의 '브랜드'를 창조하고 그 일관성을 유지하여 온라인 학습 경험을 설계해 보자.

디지털 탐색 요소

디지털 콘텐츠가 일관된 방식으로 구성되어야 학생들이 온라인 학습을 할 때마다 다음 학습으로 어떻게 이동하는지 알 수 있다. 학습 이동 방식은 디지털 콘텐츠를 주로 사용하는 플랫폼에 따라 달라질 것이다. 그 플랫폼 공간에서 수업을 설계할 때, 다음 사항을 고려하면 좋다.

- 수업이 구성되고 학생들에게 공유되는 방식
- 학생들이 매일 수업 화면으로 들어가는 방식
- 학생들이 탐색하고 버튼을 사용하는 방식
- 탐색 요소에 이름을 붙이는 방식

무엇보다 간단명료한 탐색 요소가 있는 깔끔하고 단정한 페이지를 만드는 일이 중요하다. 버튼과 아이콘이 숨어 있거나 일관되지 않은 위치에 있는 어수선한 페이지는 학생들이 수업 화면에 들어가 즉시 학습을 시작하는 것을 방해한다. 시작하는 곳과 클릭해야 하는 곳을 명확하게 가리키는 지표와 단순한 이름이 붙은 버튼을 사용하는 것이 좋다. 처음 몇 개의 수업은 탐색 요소를 설명하는 영상으로 시작하는 것도 좋다. 아이콘이나 버튼을 생성할 때, 모든 수업에 똑같은 아이콘을 사용하고 모든 페이지의 똑같은 곳에 아이콘이나 버튼을 위치시키는 것이 좋은데 그렇게 하면 익숙함이 증가하기 때문에 일관된 탐색 요소를 만들어 내는 데 도움이 된다.

어느 쪽이 맞는지 잘 모르겠다면, 명확성을 높이는 쪽으로 선택한다. 디지털 콘텐츠에서 탐색 요소가 과하게 명확할 일은 없다고 봐도 좋다. 직관적인 탐색 요소는 디지털 수업을 받는 사람이 가장 처음 받게 될 인상 중 하나이다. 탐색 요소가 적절하게 배치되어 있어서 탐색하기 쉽게 구성된 수업은 학생들로 하여금 자신감을 갖고 학습을 시작할 수 있게 돕는다.

여러분의 디지털 학습 환경을 돌이켜봤을 때, 탐색 요소에서 고려해야 할 사항에 추가하고 싶은 것은 무엇인가?

## 색깔 사용

디지털 콘텐츠에 사용할 색깔을 고를 때 유용한 지침은, 색깔을 세 개까지만 사용하라는 것이다. 이 세 가지 색깔은 여러분이 만들 디지털 자료 전반에 걸쳐 주로 사용할 색깔이다. 이 색깔들을 온라인 교실 브랜드의 일부로 생각하자.

이와 관련하여 또 하나 기억할 것은 색깔이 들어간 글씨는 아주 제한적으로 사용해야 한다는 것이다. 온라인 수업에서 설명하는 글은 모두 하얀 바탕에 검은 글씨여야 한다. 검은 바탕에 하얀 글씨여야 더 잘 읽힌다는 학생이 있을지도 모르겠지만, 대부분의 학습자에게는 검은 글씨가 가장 읽기 쉽다. 색깔이 들어간 글씨는 화면에서 읽기 어려운데, 특히 학생들이 얼마큼의 분량이든 지속적인 읽기를 해야 한다면 더욱 그렇다. (10장에서는 색깔 선택이 어떻게 디지털 콘텐츠의 접근성에 영향을 미치는지 자세히 살펴본다.)

## 글꼴 선택

일정한 글꼴을 선택하는 것도 학생들이 콘텐츠를 효율적으로 탐색하고 필요한 정보를 손쉽게 찾는 데 도움이 된다. 디지털 콘텐츠 브랜드를 설계할 때, 글꼴은 한 가지 또는 두 가지만 사용해서 전체적인 디자인을 해 보자. 두 가지 글꼴을 사용하면 강조하고 싶은 내용을 표시할 수 있어서 학생들이 중요한 내용을 이해하는 데 도움을 줄 수 있으나, 세 개 이상의 글꼴은 과하다. 이때 읽기 쉬

## 디지털 콘텐츠의 글씨 색깔 및 글꼴 선택을 돕는 도구

최대한의 효과를 낼 수 있는 글씨 색깔과 글꼴의 조합을 찾는 일이 벅차게 느껴진다면, 클릭 한 번으로 도움을 얻을 수 있다. 다음의 몇 가지 온라인 도구로 여러분이 가진 디자인 아이디어를 점검하고 괜찮은 조합을 받아 볼 수 있다.

**어도비 컬러**Adobe Color 어도비 컬러(color.adobe.com)는 이러닝 디자인의 색깔 선택을 돕는다. 보색을 찾거나 기존 색깔을 탐색할 때, 업로드하는 이미지에서 색상 조합을 추출할 때도 사용할 수 있다.

**캔버 컬러 툴**Canva Color Tools 이미지 생성 및 편집 도구 캔버의 제조자는 웹사이트(bit.ly/colorcanva)를 통해 훌륭한 색깔 선택 자원을 제공한다. 이 도구에는 색깔 탐색 도구 및 색깔 생성기가 포함되어 있으며, 색깔의 의미에 대한 정보도 제공하여 색깔을 통해 특정한 메시지를 전달하는 것을 돕는다.

**폰트조이**Fontjoy 폰트조이(fontjoy.com)는 디지털 콘텐츠를 만들 때 적절한 글꼴을 선택할 수 있도록 글꼴을 생성하고 글꼴 조합을 탐색하는 간단한 도구이다.

**캔버 폰트 콤비네이션**Canva Font Combinations 캔버에서는 사용하기 쉬운 온라인 글꼴 도구(canva.com/font-combinations)도 제공한다. 기본 글꼴을 먼저 고르면, 캔버 폰트 콤비네이션 도구가 여러분이 선택한 글꼴을 효과적으로 보완하는 글꼴 조합을 보여 준다.

운 글꼴을 사용해야 하므로 대부분 웹 디자인을 할 때는 산세리프[15]체를 선택한다. 필기체, 장식체, 색다른 글꼴은 반드시 최소한으로 사용하자.

.............

15  획의 삐침이 없는 글씨체를 뜻하며, 한글의 돋움체(고딕체)에 해당한다.

글씨 크기의 일관성은 가독성을 높이는 데 도움이 된다. 이러닝 콘텐츠에서는 12포인트에서 16포인트 사이의 범위가 가장 일반적인 글씨 크기이다. 이보다 작은 글씨(특히 10포인트 아래)는 온라인에서 사용해서는 안 된다.

그리고 글을 일정하게 정렬하는 것도 중요하다. 전체적으로 가운데 정렬을 하고 싶다는 생각이 들지도 모르지만, 제목이 아닌 글을 가운데 정렬하면 긴 글을 읽을 때 눈이 글자를 따라가기가 어렵다. 글의 모든 단락을 왼쪽 정렬로 맞춰 최대한 읽기 쉽게 만들어 보자.

## 온라인 학습의 수업 설계

디자인은 겉으로 드러난 형태에 관한 것만이 아니다. 스티브 잡스가 말했듯, "디자인은 보이는 방식이나 느끼는 방식에 대한 것만이 아니다. 디자인은 작동하는 방식이다."(Walker, 2003) 우리는 어떤 디자인을 선택함으로써 수업 콘텐츠가 더 좋아 보이게 할 뿐만 아니라 더 잘 작동하게 할 수 있다. 하지만 그러기 위해서는 전통적인 교실 경험을 설계할 때의 방식과는 다르게 온라인 학습을 디자인해야 한다.

6장에서 이야기했듯, 우리는 인쇄물이나 더 전통적인 대면 학습과는 다른 방식으로 온라인 자료와 상호작용한다. 그럼에도 환경에 상관없이 좋은 수업도 있다는 사실을 잊지 말자. 수업 환경이 온라인으로 옮겨 가고 있다는 이유만으로 훌륭하게 진행해 오던 교육적 실천을 버릴 필요는 없다. 하지만 어떤 부분에서는 확실히 특별한 주의를 기울이고 창의력을 발휘해 가장 적절한 온라인 학습 환경을 만들 필요가 있다.

## 점진적인 책임 이양과 형성평가

온라인 수업은 자칫하면 슬라이드나 영상을 틀어 준 뒤 퀴즈나 다른 형태의 총괄평가로 끝내는 식으로 전락하기 쉽다. 교사가 총괄평가를 하기 전에 학생의 이해를 확인할 수 있도록 디지털 수업을 설계하는 것이 좋다.

---

### 단기 성취 과제: 학습 목표

학생들에게 학습 목표를 제시하면서 매 수업을 시작하는 것은 훌륭한 방법이다. 우리는 주의 집중과 수업 목표에 대한 올바른 이해가 학업 성취 및 학생의 주인 의식 증진에 기여한다는 사실을 알고 있다(Everette, 2017; University of Colorado, 2007).

이러닝 콘텐츠에서 학생들에게 처음 학습 목표를 공유하고자 할 때, 많은 사람이 학습 목표를 글머리 기호가 붙은 목록의 형태로 만든다. 그러나 수업을 시작할 때 단순히 목표를 목록으로 적어서 제시하면 학생들은 그것을 핵심 내용이 아닌 것처럼 여기고 건너뛰곤 한다. 학습 목표를 칠판이나 교실 벽에 게시한다고 생각해 보자. 학생들이 그 목록을 매번 스스로 숙고하는가, 아니면 교사가 의도적으로 학생들의 주의를 목표에 집중시키고 수업 시간 내내 목표에 대해 논의할 때 비로소 가치를 갖는가?

다음에 반영된 창의적인 아이디어들을 살펴보자.

- 고등학교 스페인어 교사인 에필라 즈자르Efila Jzar는 수업을 시작할 때 만화를 보여 주면서 학습 목표를 논의한다. 만화 캐릭터들의 대화가 학생들의 주의를 끈다. 메이크빌리프스코믹스MakeBeliefsComix(makebeliefscomix.com) 또는 스토리보드댓Storyboard That(storyboardthat.com)을 사용해서 만화를 제작할 수 있다.
- 몇몇 초등학교 교사는 모든 콘텐츠에 비밀 요원 테마를 사용했다. "미션이 주어졌다. 이 미션을 수행하려면……"이라는 극적인 음성으로 수업을 시작한 다음 학습 목표를 제시했다.
- 보건교사나 체육교사라면 '피트니스 코치'가 나오는 짧은 영상이나 말풍선이 그려진 이미지를 사용할 수 있다.
- 가상 학교의 사회 교사인 제임스 토턴James Totton은 온라인 수업을 시작할 때 학생에게 전화를 걸거나 화상회의를 하여 학습 목표를 논의하고 수업 계획을 짜곤 한다. 글머리 기호를 붙인 학습 목표가 목록으로 제시되기는 했으나, 토턴이 학생들의 주의를 학습 목표에 집중시키고 학생들과 함께 대화를 나누는 데서 학습 목표는 빛을 발했다.

자신의 디지털 수업을 자세히 들여다보면서, 각각의 수업에서 학생들에게 점진적으로 책임을 이양하는 방식으로 설계하고 있는지 생각해 보자. 발표, 글, 영상은 모두 내용을 전달하는 훌륭한 수단이다. 그러나 최종 점수를 부여하기 전에 학생들에게 직접 학습 자료를 손으로 다루면서 연습하거나 배우는 기회를 주어야 한다.

이렇게 하기 위해서는 총괄평가 전에 연습할 기회를 주고, 짧은 형성평가를 진행하며, 여러 번 피드백을 주어야 한다. 일리노이대학교 어바나샴페인University of Illinois at Urbana-Champaign의 교육학과 명예교수 로버트 스테이크Robert Stake는 이렇게 말한다. "요리사가 수프를 맛보는 것은 형성평가이다. 고객이 수프를 맛보는 것은 총괄평가이다."(Scriven, 1991) 형성평가는 지도할 때 사용할 수 있는 진정한 도구이다(그림 7.1).

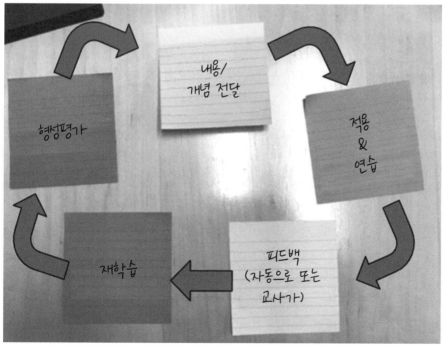

[**그림 7.1**] 수업을 설계할 때는 내용을 전달하는 방식, 그리고 총괄평가 전 수업과 형성평가가 순환되는 방식을 고려한다.

학생이 온라인으로 학습하는 모든 것에 점수를 매길 필요는 없다. 사실 모든 수업에 공식적으로 점수를 매기는 평가가 필요한 것도 아니다. 그러나 모든 디지털 수업에는 반드시 형성평가의 기회가 있어야 한다. 온라인 학습이든 아니든, 학습할 때는 언제나 점수보다 피드백에 가치를 두어야 한다. 궁극적으로 총괄평가는 디지털 콘텐츠에서 전반적으로 사용하는 평가 전략 중 일부 요소가 되어야 한다. 마치 전통적인 교실에서 그러하듯이 말이다.

## 형성평가 전략

형성평가를 디지털 콘텐츠로 제공하는 방법을 찾고 있다면, 학습 향상이라는 목적을 이루기 위해 지금까지 얼마나 이해했는지를 부담 없이 확인할 수 있는 방법을 생각해 보자. 이러한 형성평가는 짧으면서 자주 이루어져야 하고, 징벌적으로 점수를 매기는 것이 아니라 학습에 초점을 맞추어야 한다.

아마도 우리가 온라인 수업에서 하는 평가 유형으로 많이 떠올리는 것은 퀴즈 또는 퀴즈와 유사한 과제를 교사에게 개인적으로 제출하는 형태다. 여기에 교사가 점수를 매기거나 피드백을 제공하게 되는데, 9장에서 더 논의하겠지만 이렇게 학생이 교사와 직접적으로 상호작용하는 기회는 매우 중요하다. 형성평가를 디지털 수업에 도입함으로써 학생들의 학습 경험과 교사의 학생 평가 및 피드백 경험을 향상시킬 수 있는 다양한 방법이 존재한다.

### 자기 성찰

학생들이 자신의 사고에 대해 생각하게 하는 것은 학습에 대한 개념을 어느 정도 이해하고 있는지 파악하기에 아주 좋은 전략이다. 간단한 성찰 활동을 통해 학생들에게 미처 이해하지 못한 부분을 공유할 수 있는 기회를 줄 수 있다. 성찰 활동은 시간이 많이 들지 않으면서도 교사에게 풍부한 정보를 줄 수 있다. 8장에서는 성찰 활동에 사용할 수 있는 여러 전략을 탐색하면서 성찰을 활용한 형성평가의 장점도 알아본다.

## 학생 간 상호작용

동료 피드백과 평가의 힘을 최대한 활용하는 것 역시 유용한 형성평가 전략이다. 학습은 사회적인 것이기 때문에 학생들의 상호작용은 학업 증진에 큰 도움이 된다. 또한 피드백에 대한 책임을 학생들에게 일부 부과함으로써 교사의 부담도 덜 수 있다. 9장에서는 디지털 수업에서 상호작용 기회를 만드는 것에 대해 자세히 알아보고, 학생들의 협력과 협업을 촉진하는 형성평가 아이디어도 살펴본다.

## 자동화된 평가

때로는 학생들이 교사의 피드백을 기다릴 필요 없이 즉시 피드백을 받을 수 있게 하는 것이 도움이 된다. 교실에서 학생 주도성을 기르는 방법 중 하나는 학생들이 자신의 데이터를 사용해서 학습에 대한 결정을 내리도록 돕는 것이다. 이러한 이유로, 자동으로 피드백을 생성하는 형성평가나 연습 도구를 사용하는 것이 도움이 된다.

한 가지 방법은 게임이나 시뮬레이션을 활용하는 것이다. 상호작용형 학습 객체[16]나 연습 게임은 학생들이 발전하는 과정에서 연습하고, 자동으로 피드백을 받을 수 있게 한다. 그리고 이러한 목적으로 게임을 사용하면 평가에서 스트레스를 받는 학생들의 긴장을 풀어 줄 수 있다. 게임은 재미있고 몰입감이 있으면서도 평가처럼 느껴지지 않기 때문에 학습에 집중하게 만드는 효과가 있다.

..............

16　학습 내용을 담은 가장 작은 단위의 디지털 콘텐츠로, 하나의 학습 객체는 독립적인 교수·학습 목표를 가지며 여러 학습 객체를 조합하여 다양한 교육용 콘텐츠를 제작할 수 있다.

### 전통적인 평가를 디지털로 전환하기

덧붙이자면, 진정으로 참된 평가를 위해 선다형 평가, O/X 퀴즈 등의 전통적인 평가 수단을 디지털 콘텐츠에서 완전히 제거할 필요는 없다. 사실 나는 자동으로 점수가 매겨지는 온라인 테스트와 퀴즈가 강력한 학습 도구가 될 수 있다고 생각한다. 여기서 분명히 해 두자면 자동으로 점수가 매겨지는 퀴즈를 유일한 평가 수단으로 사용하는 디지털 수업은 별로 좋지 않다. 퀴즈의 모든 정답을 구글 검색으로 찾아낼 수 있다면, 학생들이 자기의 힘으로 자료를 학습했는지 어떻게 알 수 있겠는가? 우리는 선다형 퀴즈가 모든 학습 목표의 숙달 정도를 측정할 수는 없다는 사실을 잘 알고 있다.

그러나 이렇게 자동으로 점수가 매겨지는 전통적인 평가가 부담 없이 학생들의 숙달 정도를 확인하는 데 사용된다면 훌륭한 도구가 될 수 있다. 숙달 수준을 판별하기 위해 수업 마지막에 전통적인 평가를 사용하는 대신, 그 평가를 학생 주도성을 기르는 도구로 사용해 보자. 학생 스스로 점수를 매기는 짧은 설문조사를 하거나 점수를 매기지 않는 퀴즈를 사용하면, 교사가 돌아다니며 주는 피드백을 기다릴 필요 없이 재빠르게 자신의 숙달 정도를 확인할 수 있다. 학생 스스로 자신의 데이터를 살펴보고 수행한 뒤 다음에 살펴보고 성찰할 학습 내용을 스스로 선택할 수도 있다.

앞에서 논의했듯이, 블렌디드 학습을 비롯해 온라인 수업이 강력한 이유는 학생들과 대면으로 수업할 때 사용할 자료를 온라인 수업을 통해 수집할 수 있기 때문이다. 형성평가는 이를 가능하게 하는 핵심 요소 중 하나이다.

## 7장의 핵심 내용

이 장의 중요한 내용을 교육자 대상 국제교육기술협회 성취기준과 대응하여 제시하면 다음과 같다.

- 직접 설계한 디지털 콘텐츠와 시판용 적응형 소프트웨어는 서로의 장점이 곧 단점이 되는 관계이다. 학생들을 위해 성공적인 디지털 학습 기회를 창출해 내려면 모든 교사가 이러닝 설계의 몇 가지 요소는 알아야 한다. (교육자 2c)
- 일관성은 아름답고 기능적인 이러닝 디자인의 핵심이다. (교육자 5c)
- 일관된 위해 탐색 요소, 색깔, 글꼴을 고려해야 한다. (교육자 2b, 5c)
- 자신만의 디지털 브랜드를 만들 때 색깔은 세 개까지, 글꼴은 두 개까지 선택하여 디지털 수업 전반에 걸쳐 일관되게 사용한다. (교육자 5c)
- 좋은 수업의 어떤 측면은 디지털이든 대면이든 어느 환경에서나 적용되어야 하지만, 디지털 학습은 물리적인 학습과는 다른 방식으로 설계해야 한다. (교육자 5c)
- 디지털 수업을 평가할 때는 각각의 수업에서 학생들에게 책임을 점진적으로 이양하는 방식으로 설계하고 있는지 고려해 보자. (교육자 5c, 7b, 7c)

## 더 생각해 보기

7장을 읽고, 자신의 수업에서 이 장의 아이디어를 어떻게 적용할 수 있을지 다음의 질문을 통해 생각해 보자.

- 여러분의 디지털 콘텐츠 전략은 무엇인가? 교사가 제작하는 수업을 사용할 것인가, 소프트웨어를 구매해서 사용할 것인가, 혼합해서 사용할 것인가?
- 여러분의 디지털 콘텐츠 전략에서, 디지털 자료 유형의 단점을 어떻게 보완할 것인가?
- 사용 가능한 디지털 학습 플랫폼을 고려할 때(학습관리시스템, 구글 클래스룸, 웹사이트 등), 탐색 요소를 일관적으로 만들기 위해 무엇을 중점적으로 고려할 것인가?
- 여러분만의 디지털 브랜드 스타일 지침을 만들어 보자. 여러분의 디지털 콘텐츠에 어떤 색깔, 글꼴, 글씨 크기를 사용하겠는가?
- 다음에 할 디지털 수업을 설계해 보자. 직접 지도하기, 형성평가, 피드백과 수정 기회, 총괄평가의 측면들을 파악해 보자. 무엇에 점수를 매기고 무엇에 매기지 않을 것인가? 최종 평가 전 학생들에게 숙달 정도를 보일 기회가 충분히 주어지는가?

여러분이 더 생각한 내용을 해시태그 #PerfectBlendBook을 달아 온라인에 공유하자.

## 08 인지 부하와 멀티미디어 콘텐츠 설계

**이 장의 목표**

- 학생들의 인지 부하를 고려하여 학습 내용을 최대한 기억할 수 있도록 수업을 설계한다.
- 학생들이 디지털 콘텐츠와 상호작용하면서 단기 기억에서 장기 기억으로 정보를 옮길 수 있는 전략을 배운다.
- 학습을 극대화하기 위해 음성과 영상 콘텐츠를 적절하게 사용하는 법을 익힌다.

# 인지 부하

디지털 콘텐츠를 설계할 때는 반드시 인지 부하를 고려해야 한다. 간단히 말해 인지 부하는 작업 기억이 정보를 처리하기 위해 들이는 노력을 의미한다.

따라서 인지 부하가 늘 나쁜 것만은 아니다. 학생들이 적절한 수준에서 정보를 가지고 씨름하거나 고심하기 위해서는 어느 정도의 인지적 노력이 필요하다.

넬슨 카원Nelson Cowan은 연구를 통해 젊은 성인들이 한 번에 세 개에서 다섯 개의 정보를 처리할 수 있다는 사실을 확인했다(Cowan, 2010). 그러나 정보가 너무 많으면 인지 부하를 넘어서게 되고, 뇌는 효과적·효율적으로 정보를 처리하지 못해 정보를 붙잡아 두는 능력이 심각하게 저하된다.

정보는 장기 기억으로 넘어가기 전까지 작업 기억에 머물러야 한다. 인지 부하 이론은 수업을 설계한 우리가 학생들의 작업 기억 부담을 덜어 주는 방향으로 학습 경험을 설계해서 더 적절하게 정보를 처리할 수 있게 해야 한다는 사실을 알려 준다(Sweller, 1988). 디지털 수업을 구성할 때, 학생들이 작업 기억에서 장기 기억으로 정보를 옮길 수 있도록 돕는 몇 가지 방법이 있다.

## 정보 선택하고 묶기

우리가 인지 부하와 작업 기억에 대해 알고 있는 것들은 막상 디지털 콘텐츠를 설계할 때 문제를 일으키기 쉽고 우리의 의도와 대치될 수 있다. 이전 장에서 언급했듯이, 간결하고 직관적인 탐색 요소는 온라인 학습을 효과적으로 운영하는 데 매우 중요하다. 탐색이 간단한지는 클릭 횟수와 연관지어 판단하곤 하는데 그래서 사람들은 한곳에 최대한 많은 정보를 저장하려는 경향을 보인다. 하지만 실제로 학습 객체나 웹페이지에 정보를 무한정 집어넣거나 콘텐츠 종류를 잡다하게 늘어놓는 것은 학생들이 정보를 전혀 처리할 수 없게 만드는 것이나 다름없다.

우선은 "필수적이지 않은 내용을 적극적으로 없애거나 선택적인 부록으로 옮겨야 한다."(Meachum, 2018) 이전 장에서 디지털 텍스트에 대한 내용을 집중해서 다루면서 이 아이디어에 대해 이미 논의한 바 있다. 학생들에게 부과하는 지속적인 읽기의 분량을 제한해서는 안 되지만, 콘텐츠를 설계할 때는 학습에 확실히 필요한 요소와 선택적인 요소를 고려하는 것이 도움이 된다. 학생들이 추가 정보가 담긴 폴더나 문서를 개별적으로 탐구하도록 하거나 직접 학생들을 지도해서 개선하게 한다면, 디지털 수업이 진행되는 동안에도 학생들이 부담을 느끼지 않도록 하면서 다양한 종류의 콘텐츠를 제공할 수 있다.

학생들에게 제공하는 정보를 묶는 방식도 중요하다. 만일 학습 객체들을 직관적인 탐색 요소로 잇는 수업을 설계한다면, 학습 내용을 더 잘게 쪼개 다루기 쉬운 만큼의 묶음으로 나눌 수 있다. 일반적인 규칙에 따르면, 간단한 탐색 요소로 이은 스무 개의 짧은 디지털 수업이나 학습 객체가 길이가 긴 다섯 개보다 낫다. 이렇게 하면 학생들이 눈앞에 있는 자료에 집중하고 시각적으로 주의가 분산되지 않을 수 있다.

비슷한 맥락에서, 정보를 더 작은 묶음으로 쪼갤 때에도 왼쪽 정렬된 글이 뇌에서 더 쉽게 처리되고, 여러 단보다는 한 단으로 된 편이 처리하기 쉽다. 정보 한 단의 폭이 화면상에서 너무 넓은 공간을 차지하지 않는 한 그렇다. 글의 전체 폭이 시야에 한 번에 들어와야 한다. 한 줄의 길이가 너무 길어지면 눈으로 따라가기가 어렵고, 필연적으로 더 많은 노력을 들이게 되며 더 많은 인지 부하가 걸린다.

**여백**

여백이란
대상 주변의
빈 공간이다.

텍스트를 눈에 띄게 만들고 싶을 때, 우리는 본능적으로 글씨를 굵게 하거나 크기를 키운다. 이것도 물론 효과적이지만, 텍스트 주변에 여백을 두는 것도 똑같은 효과를 달성할 수 있다. 또한 여백은,

- 가독성을 높이고
- 주의 분산을 최소화하며
- 보기에 더 좋다.

우리는 더 간결한 디자인에 자연스럽게 끌린다. 학생들이 보는 어떤 화면에서든 여백에 주의를 기울인다면 미적으로도 기능적으로도 더 나은 디자인을 창조하는 데 도움이 된다. 이것은 내가 여전히 고민하고 있는 문제이다. 나는 본능적으로 페이지의 모든 공간을 채우려는 습성이 있기 때문이다. 스스로에게 상기시키기 위해 나는 다음의 인용문을 사무실의 컴퓨터 모니터에 붙여 놓았다.

완벽이란 더할 것이 없을 때가 아니라 뺄 것이 없을 때 이루어진다.

_앙투안 드 생텍쥐페리

## 성찰

정보를 묶는 것만으로는 충분하지 않다. 몇 가지 내용이 들어 있는 페이지를 나누어 더 다루기 쉬운 만큼의 작은 묶음으로 쪼개는 것은 인지 부하를 줄이는 데 어느 정도 도움이 되지만, 실상은 여전히 같은 분량의 내용을 학생들에게 전달하는 것이므로 소화해야 하는 내용의 양은 줄지 않는다.

### 성찰 활동 아이디어

물론, "성찰 일지를 써 보세요"라고 간단하게 말할 수도 있지만, 성찰 과제에 창의력을 좀 더 발휘해서 학생들의 사고를 확장시킬 수 있다면 더 좋을 것이다. 여기 몇 가지 아이디어가 있다.

- **얼른 쓰기** 얼른 쓰기 또는 폭발적으로 쓰기는 답이 정해져 있지 않은 짧은 쓰기 제시문 이다. 다음은 몇 가지 예시이다.

  이 글을 읽고 생각이 어떻게 바뀌었는지 5분 동안 적어 보세요.

  이 영상을 보고 새로 알게 된 것에 대해 2분 동안 적어 보세요.

  만일 여러분이 이 장의 등장인물이었다면 어떻게 행동했을지 2분 동안 적어 보세요.

- **가장 혼란스러운 점** 학습 자료 중 가장 어려웠거나 모호한 개념이 무엇이었는지 말해 보게 한다. 학생들이 완전히 이해하지 못한 점은 무엇인가? 이것은 개선의 기회를 만드 는 데 특히 유용하다.

- **한 문장으로 요약하기** 정보를 한 문장으로 요약하게 한다. 한 문장으로 요약하기는 의 외로 어렵다. 정보를 간결한 형태로 종합해야 하기 때문이다. 요약하기는 학생들이 교 사가 의도한 대로 내용을 이해하고 있는지 빠르게 파악하게 하고, 추가 지원이나 다시 가르치는 것이 필요한지도 알게 해 준다. '한 문장으로 요약하기'의 변형된 형태는 내용 을 요약해서 글을 쓰거나 '트윗'을 하게 하는 것이다. 글자 수는 제한하되, 약어, 이모티 콘, 움직이는 이미지(GIF)는 허용한다.

- **3-2-1** 자료를 보여 준 뒤, 새로운 정보 세 개, 질문 두 개, 해결되지 않은 영역 또는 혼란스러운 부분 한 개를 공유하게 한다. 이 중 하나를 변형해서 아무 숫자 중 하나를 성찰 과제로 바꾸어도 된다. 이 성찰 활동은 다른 것들과 마찬가지로, 글 외에 영상이나 음성의 형태로도 수행할 수 있다.

- **스케치** 아는 것, 학습을 통해 변화한 것, 요약 등을 그림으로 그려 설명하게 한다.

정보 묶기와 더불어 불필요한 여분의 내용 삭제하기, 디지털 수업에서 페이 지 구성 고민하기, 학생들의 성찰 기회 만들기는 인지 부하의 정도를 낮출 수 있 다. 학생들이 자신의 학습과 자기 자신에 대해 성찰하는 것은 학습한 내용이 단 기 기억에서 장기 기억으로 이동하도록 돕고, 뇌에 간절한 휴식도 준다.

6장에서 살펴본 능동적인 읽기와 글 제시 전략을 도입하는 것도 학생들이 디지털 수업을 통해 배운 내용을 성찰하고 깊이 생각하는 데 도움이 된다. 덧붙 여, 디지털 수업 전반에 걸쳐 성찰 기회도 몇 번 만들어 넣어야 한다. 이러한 성 찰은 짧고 시간을 많이 쓰지 않으면서도 학생들이 자신의 학습에 대해 빠르게 생각해 보게 한다.

그리고 성찰 활동은 학생들이 화면에서 시선을 돌려 종이에 뭔가 끄적일 수 있는 좋은 기회이기도 하다. 컴퓨터나 태블릿 화면으로 뭔가를 읽거나 볼 때 평균적으로 약 이십 분이 지나면 눈의 피로를 느끼기 시작하는데 다행히 종이에 뭔가 적는다든지 하면서 단순히 화면에서 눈을 떼는 것만으로도 그 이십 분의 타이머는 리셋된다(Smekens, 2017).

주제에서 조금 벗어난 이야기이긴 하지만, 성찰 활동은 학술적 부정행위를 방지하는 데에도 도움이 된다. 예를 들어, 인터넷에서 글을 복사하는 일은 아주 쉽지만, 자신이 쓰지 않은 글의 쓰기 과정을 성찰하는 일은 훨씬 어렵다. 이러한 성찰 활동은 총괄평가를 하기 전 이해 정도를 빠르게 측정하여 교사가 추가로 지도할 수 있는 여지를 준다.

## 이러닝 설계에서의 멀티미디어

높은 수준의 디지털 수업은 글 위주의 콘텐츠만을 담지 않는다. 블렌디드 교실에 온라인 콘텐츠를 결합할 때, 학습을 향상시키기 위해 음성, 영상, 이미지를 사용하는 가장 적절한 방식은 무엇인지 생각해 보자.

### 음성

음성을 사용하는 것은 온라인 수업에 다양한 매체를 더하는 훌륭한 전략이다. 팟캐스트를 공유하거나 단순히 학습 내용을 뒷받침하는 음성 파일을 삽입하는 것만으로도 학생들의 디지털 학습에 다양한 경험을 더할 수 있다. 다만 화면에 띄워진 단어를 하나하나 따라 읽는 것은 피하기 바란다.

이러한 방식으로 음성을 사용하는 것에 대한 흥미로운 연구 결과가 있다. 루스 클라크Ruth Clark와 리처드 메이어Richard Mayer의 《이러닝과 교수 과학E-Learning and the Science of Instruction》에서 제시한 연구에 따르면, 화면에 있는 글을 그대로 따라 읽는 음성 파일의 사용은 평균적으로 학습자의 이해도와 기억력을 79%까지 떨어뜨린다(Clark & Mayer, 2011).

이 얼마나 놀라운 수치인가! 이런 일이 왜 일어나는지에 대한 좋은 설명이 있다. 우리의 뇌는 모든 감각 기관을 사용해서 정보를 처리한다. 화면으로 도표를 보거나 글을 읽을 때 뇌의 시각 채널이 활성화되는데, 우리는 화면으로 도표를 보면서 동시에 화면에 있는 단어를 온전히 읽을 수 없고, 반대로 단어를 읽으면서 도표를 온전히 볼 수도 없다. 두 개를 동시에 하려고 하면 뇌의 시각 채널에 과부하가 걸린다. 그러나 시각적으로 화면에 있는 이미지를 처리하면서 단어를 읽는 음성을 듣는다면, 그 정보는 시각 채널과 음성 채널에서 동시에 처리되며 둘 중 어느 하나에도 과부하가 걸리지 않는다. 단, 이러한 중복 원리가 적용되지 않는 특수한 경우, 즉 들리는 정보를 처리하는 것이 학생에게 너무 어렵다면(예를 들어 언어 학습자의 경우), 화면에 제시된 텍스트가 도움이 된다. 그리고 학생에게 충분한 시간이 주어져서 음성을 듣고 독립적으로 시각 정보를 처리할 수 있거나 함께 처리해야 할 이미지나 영상 그래픽이 없다면, 중복이 그렇게까지 부정적인 영향을 주는 것은 아니다.

중복이 문제를 일으키는 또 다른 중요한 이유는, 화면상의 텍스트를 음성으로 들을 때 우리의 뇌가 두 정보를 비교하고 정신적으로 조정하며, 처리하고 기억하기보다, 불일치성을 찾는 데 더 많은 노력을 기울이기 때문이다(Clark & Mayer, 2011). 이 연구에서 배울 점은 음성을 비롯한 모든 멀티미디어는 글을 보완해야지, 단순히 복제해서는 안 된다는 것이다. 음성 사용은 자료를 전달하거나 보충 정보를 제공하거나, 교사의 목소리를 녹음해서 글의 핵심 지점에 학생들의 주의를 집중시키는 데 활용하는 편이 좋다.

## 영상

영상은 이러닝 수업에 추가하기에 적절한 콘텐츠 요소인데, 특히 무언가를 하는 방법이나 단계를 설명할 때 유용하다. 이제 우리는 유튜브나 비메오Vimeo 같은 영상 보관소에 접근하기 쉬워지면서 숱하게 많은 선택지에서 수업 자료를 고를 수 있게 되었다. 디지털 수업에 사용할 영상을 선택하거나 만들 때 고려해야 할 사항이 몇 가지 있다.

길이는 짧아야 한다. 간결하고 한 번에 소화할 수 있는 콘텐츠가 긴 영상보다 낫다. 6분 미만의 영상이 학생들의 주의를 끌고 정보를 처리하기에 가장 좋은, 다루기 쉬운 길이다(Guo, Kim, & Rubin, 2014).

또한 가능하다면 영상을 직접 제작하기를 권한다. 물론 이것은 열심히 하는

### 영상 녹화 도구

영상을 처음 제작하거나, 또는 제작하는 법은 알지만 더 쉽게 제작할 수 있는 새로운 도구를 찾고 있다면, 다음 세 가지 도구가 도움이 될 것이다.

룸Loom 룸(loom.com)은 화면 녹화 도구로, 화면을 녹화하거나 웹캠에 있는 영상을 녹화하는 것 둘 다 가능하다. 녹화한 영상은 다른 곳에 삽입하거나 내려받거나 학생들에게 링크로 걸 수 있다. 영상 속도 조절도 가능하다.

위비디오WeVideo 위비디오(wevideo.com)는 구글에서 제공하는 영상 편집 도구이다. 이 도구를 사용하거나 더 기능이 많은 다른 영상 편집기를 사용하면 더 정교한 영상 편집이 가능하다. 이 도구는 영상에 여러 가지 다양한 기능을 넣을 수 있고, 어린 학생들이 사용할 수 있을 만큼 충분히 직관적이다.

스크린캐스티파이Screencastify 스크린캐스티파이(screencastify.com)는 무료 화면 녹화 도구로, 특히 크롬 브라우저에서 사용할 수 있게 만들어졌다. 화면을 녹화하거나 웹캠의 영상을 녹화할 수 있다. 녹화한 영상은 구글 드라이브를 통해 공유하거나 자동으로 유튜브에 업로드되게 할 수 있다.

것과 영리하게 하는 것 사이에서 어느 정도로 균형을 맞추느냐의 문제인데, 특히 온라인상에 이미 제작된 수업 영상이 많이 있다는 것을 아는 입장에서는 더욱 그렇다. 그러나 디지털 콘텐츠에 교사가 등장하는 것은 아주 중요한데, 교사와 학생의 친밀감은 물리적인 교실이든 온라인상이든, 모든 환경에서 중요하다. 학생들이 전혀 모르는 목소리나 인물이 등장하는 전문적인 영상보다 교사의 목소리나 얼굴이 들어간 아마추어 영상이 학생들의 집중도를 높이는 데 훨씬 도움이 된다.

직접 영상을 녹화한다면, 녹화 전 충분한 계획을 통해 편집하는 시간을 절약하는 것이 좋다. 또한 미리 철저한 계획을 해 두면 영상의 중요한 학습 목표를 놓치지 않을 수 있고, 2분에서 5분 사이의 목표 시간을 유지하기도 쉽다. 스토리보드를 제작하거나 대강이라도 개요를 작성해 놓는 것은 녹화할 때 유용한 전략이 된다.

우리가 글에 대해 논의한 것처럼 영상을 통해서도 학생들의 능동적인 참여 기회를 만들 수 있도록 해야 한다. 학생들이 더 깊이 있게 읽을 수 있도록 전략을 사용하는 것과 마찬가지로, 영상으로도 동일한 학습 경험을 만들어 내야 한다. 학생들이 영상 콘텐츠에 능동적으로 참여하게 만드는 방법에 대해 늘 고민하자.

## 이미지

근접성 원리에 따르면, 이미지와 단어는 따로 사용될 때보다 같이 사용될 때 더 효과적이다(Clark & Mayer, 2011). 학생들을 위해서는 정보를 묶어서 제시해야 하지만 동시에 이해를 극대화하기 위해서는 이미지와 관련된 글을 같이 배치하는 것이 확실히 도움이 된다. 그러므로 디지털 수업에서 제공하는 글에 인포그래픽, 설명하는 이미지, 그 밖의 다른 시각적 미디어를 삽입해 보기 바란다. 미디어가 주의를 분산시키지 않고 자료를 학습하는 데 도움이 되는 한, 학생들은 그 정보를 기억할 가능성이 높아진다.

캐미 빈Cammy Bean은 자신의 저서《우연한 교수 설계자The Accidental Instructional Designer》(2014)에서 디자인상 불필요하고 산만한 시각 미디어를 묘사하는 말로 **딸깍딸깍 반짝반짝**clicky-clicky bling-bling이라는 신조어를 만들어 냈다. 우리는 시각 미디어가 중요하다는 걸 안다. 하지만 우리가 선택한 시각 미디어가 단지 예쁘게 꾸미기 위한 기능 이상의 목적을 수행하지 않는다면, 주의를 흐트리고 목표에 반하는 방식으로 기능하게 된다는 것을 명심하자.

## 멀티미디어를 먼저 설계하라

우선 고려할 만한 전략은 시각 미디어를 먼저 설계하는 것이다. 한 페이지를 멀티미디어(이미지, 인포그래픽, 영상, 음성, 삽입된 콘텐츠)만을 사용해서 설계하고, 마지막에 글을 첨가한 다음 멀티미디어로 설명되지 않는 것만 직접 자판으로 입력한다. 일반적으로 디지털 콘텐츠를 설계할 때, 우리는 본능적으로 모든 것을 자판으로 입력한다. 그런 다음, 다시 글 사이사이에 이미지나 영상을 끼워 넣는 방식으로 작업한다.

우리는 이것이 자연스러운 설계 방식이라고 생각하는데, 아마도 많은 사람이 비슷할 것이다. 그러나 이런 방식은 자칫 중복된 것들을 만들어 내고 시각 미디어의 기능을 잃게 한다. 모든 것을 설명하는 글을 첨가하기 때문에 추가되는 멀티미디어는 반복적인 것이 되는데, 디지털 수업에서 중복의 위험은 앞에서 이미 논의하였다. 멀티미디어 설계부터 시작하는 것은 서로를 보완하는 양태의 요소를 사용하도록 돕는다.

시각 미디어부터 설계하기 시작하면 더욱 의도적으로 목적에 맞는 미디어를 선택하게 된다. 글쓰기부터 할 때는 보통 한 가지 목적만을 실행하는 이미지를 선택하는데, 즉 화면상의 글 사이사이에 이미지를 넣어 글을 시각적으로 분리하게 되는데, 반면 시각 미디어와 멀티미디어를 먼저 설계하면 이 요소들은 수업이라는 목적을 최우선적으로 고려하여 실행된다.

또한 시각 미디어를 먼저 설계하는 전략은 온라인에서 읽고 상호작용하는 방식대로 멀티미디어를 설계하도록 돕는다. 디지털 수업에서 어떤 단원이나 차시의 학습 목표가 지속적인 읽기가 아니라면, 인지 부하를 주는 불필요한 글은 없앨 수 있다. 또한 훑어보고 넘겨 버릴 글도 미리 골라내 정리하는 일이 가능하다.

## 8장의 핵심 내용

이 장의 중요한 내용을 교육자 대상 국제교육기술협회 성취기준과 대응하여 제시하면 다음과 같다.

- 인지 부하란 작업 기억이 정보를 처리하는 데 드는 노력이다. 정보가 너무 많으면 인지 부하를 넘어서므로 우리의 뇌가 효과적·효율적으로 정보를 처리할 수 없게 된다. (교육자 1c)
- 한 수업의 모든 정보를 한 페이지에 넣기보다는 정보를 다루기 쉬운 만큼의 단위로 묶어서 단순하고 직관적인 탐색 요소에 의해 이어지도록 제시하라. (교육자 1c, 2c, 5c)
- 여백은 대상 주변의 빈 공간이다. 여백은 가독성을 높이고, 주의 분산을 최소화하며, 콘텐츠를 미적으로 아름답게 만든다. (교육자 1c, 5c)
- 학생에게 성찰의 기회를 주는 것은 인지 부하를 낮추는 데 도움이 된다. (교육자 1c, 5b, 5c)
- 음성과 같은 멀티미디어를 추가할 때는 다양한 미디어 양식이 서로를 보완하되, 완전히 똑같아지지는 않도록 하는 것이 중요하다. 디지털 콘텐츠에서 중복은 학습을 방해할 수 있다. (교육자 1c, 2c, 5c)
- 영상은 짧아야 하고 가능하다면 교사가 직접 만드는 것이 좋다. (교육자 1c, 2c, 5c)
- 시각 미디어는 글과 같이 사용될 때 더 잘 기능한다. 모든 시각 미디어는 특정한 수업 목적을 달성해야 한다. (교육자 1c, 2c, 5c)
- 시각 미디어를 먼저 설계하고, 반드시 필요한 글만 추가하도록 하자. (교육자 2c)

## 더 생각해 보기

8장을 읽고, 자신의 수업에서 이 장의 아이디어를 어떻게 적용할 수 있을지 다음의 질문을 통해 생각해 보자.

- 성찰 활동 전략 중 시도하고 싶은 것이나 이미 시도해 본 것이 있는가? 학생들에게 콘텐츠를 성찰할 기회를 주는 다른 아이디어가 있는가?
- 여러분이 사용하기에 익숙한 멀티미디어의 종류는 무엇인가? 지원을 받아서 추가로 사용해 보고 싶은 미디어 양식이 있는가? 어디서 지원을 받을 수 있는가?
- 설계 도전 과제: 시각 미디어를 먼저 설계하는 전략을 사용해서 수업 한 차시 또는 한 페이지를 설계해 보자. 무엇을 알게 되었는가?

여러분이 더 생각한 내용을 해시태그 #PerfectBlendBook을 달아 온라인에 공유하자.

# 인격과 상호작용을 고려하여 설계하기

**이 장의 목표**

- 디지털 수업에서 교사 고유의 인격을 보여 주고 목소리를 들려 줄 수 있는
  아이디어를 얻는다.
- 디지털 활동에서 학생들의 인격을 드러낼 수 있는 기회를 발견한다.
- 온라인 학습 경험 속에서 학생-교사 간 상호작용, 학생-학생 간 상호작용,
  학생-콘텐츠 간 상호작용을 어떻게 만들어 낼 수 있을지 성찰한다.

## 국제교육기술협회 성취기준

다음은 이 장에 해당하는 교육자 대상 국제교육기술협회 성취기준이다.

3. 시민

교육자는 학생들이 디지털 세계에 긍정적으로 기여하고 책임 있게 참여하도록 격려한다.

a. 학습자가 긍정적이고 책임감 있게 사회에 기여하는 경험을 만들 수 있도록 돕고, 온라인에서 사회적 관계를 형성하는 공감적 행동을 보여 준다.

4. 협력자

교육자는 수행에 필요한 자료와 아이디어를 발견·공유하고 개선하며, 문제를 해결하기 위해 동료 및 학생과 협력하는 데 시간을 할애한다.

c. 지역적·국제적으로 다양한 전문가와 팀, 학생들과 가상으로 연계되도록 도움으로써, 학생들이 실제 세계의 학습 경험을 확장하기 위한 협력 도구를 마련한다.

5. 설계자

교육자는 학습자의 다양성에 맞추어, 실제적이고 학습자 주도적인 활동 및 환경을 설계한다.

a. 디지털 기술을 사용하여 독립적인 학습을 촉진하고 학습자의 특징과 필요에 적합한 학습 경험을 창조, 적용하고, 개인화한다.

b. 성취기준에 따라 학습 활동을 설계하고, 적극적이며 깊이 있는 학습을 극대화하기 위해 디지털 도구와 자료를 사용한다.

c. 학습을 지원하는 혁신적인 디지털 학습 환경을 만들기 위해 교수 설계 원리를 탐색하여 적용한다.

6. 촉진자

교육자는 디지털 기술을 활용한 학습을 촉진하여 학생을 대상으로 한 2016 국제교육기술협회 성취기준을 성취할 수 있도록 학생들을 지원한다.

d. 생각, 지식, 연계를 나누기 위해 창의성과 창의적 표현을 장려하고 촉진한다.

## 인격을 바탕으로 디지털 콘텐츠 만들기

디지털 교실을 개인적이고 물리적인 교실의 확장판으로 생각하지 않으면, 온라인 콘텐츠는 지루하고 단조로워질 수 있다. 전통적인 교실에서 여러분의 인격이 드러나는 것처럼, 온라인에서도 학생들이 여러분의 진짜 모습을 보는 것을 두려워하지 말자. 그렇게 하는 것이 온라인 학습을 인간적으로 만드는 데 도움이 되고, 이것은 몹시 중요하다.

### 교사의 존재 여부와 학습 윤리

사실 인격을 바탕으로 디지털 콘텐츠를 만드는 것은 학업에서의 부정행위를 방지하는 핵심 요인이다. 내 주변에서도 부정행위에 대한 우려가 자주 들려온다. 부정행위 때문에 많은 교사가 디지털 콘텐츠나 온라인 학습을 고안하기 망설인다는 것이다. 우리는 부정행위가 전통적인 대면 학습 환경에서보다 디지털 공간에서 더 빈번하게 일어난다고 생각한다. 그런데 놀랍게도 이것은 근거 없는 믿음에 불과하다(Beck, 2014).

학습 윤리와 부정행위는 학습이 일어나는 환경보다는 근접성과 더 관련이 크다는 사실이 밝혀졌다. 디지털 수업 기자재가 전혀 없는 교실을 상상해 보자. 학생들이 시험을 치르고 있다. 교사가 책상에 앉아 메일을 확인할 때와 교실을 돌아다닐 때, 언제 더 학생들이 부정행위를 저지를 가능성이 높겠는가? 답은 명백하다. 교사가 보지 않을 때 학생들이 부정행위를 저지를 가능성은 더 높아진다. 문제는 종이로 된 시험지가 아니다. 심지어는 학생들이 물리적으로 서로 가까이 앉아 있어서 쪽지를 건네거나 속삭이거나 옆 사람의 답안을 볼 수 있는지의 문제도 아니다. 시험을 치르거나 과제를 할 때 교사가 가까이 있을수록 부정행위가 일어날 확률은 낮아진다(Kelley & Bonner, 2005; Burgoon, et al., 2003; George & Carlson, 1999; Rowe, 2004).

온라인 환경에서도 크게 다르지 않다. 주된 차이는 이 근접성이 지리적으로 가까운 것보다 디지털 수업이 진행되는 동안 교사가 얼마나 가깝게 느껴지는지의 문제라는 것이다. 이것은 무엇을 의미할까? 온라인 수업에서 지도하는 사람의 존재가 전혀 느껴지지 않는다면, 학생들에게 주어진 콘텐츠가 마치 복제 양산품처럼 느껴진다면, 학습 환경에서 교사는 학생들로부터 멀리 떨어져 있는 것이나 다름없다. 공유되는 영상에서든 피드백에서든, 아니면 교사가 자신의 인격과 학생과의 관계를 디지털 콘텐츠에 삽입하는 방식에서든 교사의 존재감이 명백하다면 디지털 접근성은 좋은 것이다.

이제 이렇게만 하면 학생의 부정행위 시도를 전부 제거할 수 있을까? 그렇다고 말할 수 있다면 좋겠지만 디지털 기술이 사용되지 않을 때에도 학생의 표절이나 부정행위가 존재했듯이, 같은 일은 디지털 수업에서도 일어날 수 있다. 학생들과 좋은 관계를 형성하고 함께 과제를 해결해 나간다면, 그런 일이 일어났을 때 교사가 알아차리기 쉬울 것이다. 그런 상황이 벌어지기 전까지 교사가 할 수 있는 일은 학습 윤리를 장려하는 환경을 조성하는 것이다.

한 가지 명확한 방법은 학습이 진행될 때 능동적인 참여자가 되는 것이다. 이에 대해서는 이 장의 후반부에서 논의할 것이다. 여기서는 디지털 콘텐츠를 여러분의 인격과 학생들의 인격을 존중하는 방식으로 설계하는 것이 어떻게 더 효과적이고 훌륭한 온라인 학습을 창조하게 만드는지 생각해 보자.

## 유머 사용하기

전통적인 교실에서 수업하거나 학생과의 관계를 형성하는 데 교사만의 스타일이 있듯이, 디지털 수업에도 여러분의 스타일이 존재해야 한다. 학생들 또는 성인들을 가르칠 때 수업을 재미있게 유지하려고 노력하는 편인데, 학습자들과 친해지기 위해 종종 유머를 사용하고 이는 디지털 수업을 할 때도 똑같이 적용된다. 내가 만든 콘텐츠를 여러분이 본다면 곧바로 그 콘텐츠를 누가 설계했는지 알 수 있을 것이다. 교사로서의 내 브랜드는 상호작용에서, 대면 수업과 연습에서, 온라인 학습에서도 드러난다.

유머를 구사하기 좋아하는 교사라면, 그걸 수업과 대화에 도입해 보자. 학생들은 교사를 높이 평가할 것이고, 이것은 교사가 그 공간에 없더라도 존재를 부각할 수 있는 훌륭한 방법이다. 그렇지만 항상 냉소적인 자세를 유지하는 것은 피해야 한다. 개인적으로는 그러한 종류의 유머를 구사하는 데 뛰어나다 할지라도, 온라인 환경에서는 학생이 오해하기 쉬워서 결과적으로 학생과의 관계에 해를 끼치기 쉽다.

---

**밈**meme

**밈**이란 인터넷에 퍼진 웃긴 이미지나 영상, 움직이는 이미지(GIF)를 뜻하는데, 여러분이 만드는 디지털 콘텐츠나 의사소통에 약간의 유머를 더하는 간단하고 재미있는 방법이다. 만일 여러분이 디지털 자료에 밈을 추가하는 방법을 알고 싶다면, 퀄리티매터스Quality

퀄리티매터스에
실린 기사

디지털 자료용
밈

Matters(bit.ly/QMmemes)에서 "학생의 학습을 향상시키기 위해 유머를 사용하라Use Humor to Improve Student Learning"는 제목의 기사를 확인하기 바란다. 그리고 가볍게 패들렛 padlet. com/michele_eaton/memes에 들어와서 여러분이 가르칠 때 즐겨 쓰는 밈을 공유하자.

---

## 교사의 관심사

설계하는 콘텐츠에 인격을 더한다는 것이 곧 코미디언이 되어야 한다는 말은 아니다. 여러분이 학생들과 연결되기 위해 사용하는 도구는 유머가 아닐 수도 있다. 어쩌면 여러분은 동물이나 히어로물에 나오는 주인공 등을 통해서 학생들에게 여러분을 알리는 쪽일지도 모른다. 그걸 디지털 콘텐츠에 포함시키면 된다. 다음은 디지털 콘텐츠를 설계할 때 스스로에게 물어보면 좋을 질문들이다.

- 내가 가르치는 교실을 특별하게 만드는 요소는 무엇인가? 그 요소가 내 디지털 교실 환경에도 존재하는가?
- 나는 이 수업을 어떻게 느끼는가? 지루함 말고 느끼는 것이 있는가?
- 이 콘텐츠에서 교사를 찾을 수 있는가? 내 학생들도 찾을 수 있는가?

### 캐릭터를 사용해서 적절한 때에 정보 제공하기

디지털 교실 공간에 재미와 인격을 더하는 또 다른 방법은 캐릭터를 사용하는 것이다. 온라인 수업에서 캐릭터를 사용하는 것은 이야기를 추가하고, 참여적인 콘텐츠를 창조하고, 적절한 때에 학생들에게 정보를 제공하는 등 장점이 많은 방식이다. 우리는 종종 인터넷으로 정보를 찾아야 할 때 재빠르게 휴대폰을 잡고 검색을 한다. 필요한 정보를 '때맞추어' 제공하는 캐릭터를 이러닝 콘텐츠에 창조함으로써, 학생들을 포함한 우리 모두가 어떤 방식으로 인터넷을 사용하는지 비추어 볼 수 있다.

비트모지Bitmoji를 만들거나 아바타를 디자인하거나, 스톡 사진[17]에 말풍선을 달아 학생들에게 정보를 전달할 수도 있다(그림 9.1). 캐릭터가 화려할 필요는 없으나, 온라인 수업에 이야기를 부여할 수 있으면 좋다.

............

17  구매자가 필요시에 의뢰하여 촬영하는 일반적인 상업사진과 달리, 다수의 구매자가 사용할 법한 사진·일러스트·그래픽 이미지를 사전에 제작한 것을 뜻한다.

[그림 9.1] 비트모지로 만든 디지털 아바타. 비트모지 애플리케이션을 사용해서 휴대폰으로 아바타를 만들 수 있다. 브라우저에 크롬 확장 프로그램을 설치하면 학생들에게 적절한 때에 정보를 제공하는 아바타를 만들어 쉽게 사용할 수 있다.

## 디지털 수업 안내자

디지털 수업에서 아바타나 캐릭터를 사용하는 한 가지 방법은 디지털 콘텐츠 전반에 걸쳐 주기적으로 등장하는 안내자를 만드는 것이다. 예를 들어, 체육 수업이라면 피트니스 코치 스톡 사진에 말풍선을 넣어 매 수업 시간 학생들을 지도할 수 있다.

또 다른 방법은 보키Voki(voki.com)와 같은 도구를 사용하여 움직이는 아바타를 만드는 것이다. 보키를 사용하면 아바타를 선택하거나 직접 디자인해서 만들고, 음성을 녹음한 다음, 아바타를 재생해서 녹음된 음성을 말하게 할 수 있다. 우리 교육청의 교사 몇 명이 이 도구를 사용해서 디지털 수업 안내자를 만들었다. 예를 들어, 한 교사는 대학 및 직업 준비반 수업에서 과정 내내 상담사의 역할을 맡은 캐릭터를 보키로 만들었다(그림 9.2). 학생들은 이 아바타가 보이면 클릭해서 추가 정보를 얻을 수 있다는 사실을 안다. 또 어느 역사 교사는 보키를 사용해서 움직이는 에이브러햄 링컨 아바타를 만들었다. 이 아바타는 여러 학습 활동에서 유용한 정보를 주는 역할을 맡았다.

[그림 9.2] 이 아바타는 아카이브가상교육협회Achieve Virtual Education Academy의 진로 대비반 수업에서 대학 및 직업 상담사 역할을 한다.

8장에서는 영상과 음성 파일을 직접 만드는 것의 장점을 이야기했다. 특히 학생들에게 보여 주는 영상에 교사의 얼굴이 나오는 것은 큰 도움이 된다. 캐릭터와 아바타가 교사가 만드는 디지털 콘텐츠에 재미를 더하기는 하지만 영상에 나오는 실제 교사, 즉 여러분의 모습을 대체해서는 안 된다는 사실을 명심하자. 수업에서 실제 여러분이 등장하는 것은 매우 중요하다.

## 학생의 창의성과 개성을 기르는 기회

교사가 온라인 콘텐츠에 분명하게 존재하는 것도 중요하지만 그것만으로는 충분하지 않다. 콘텐츠의 모든 초점이 교사에게만 맞추어져 있다면, 그 수업이 누구를 위한 것이겠는가? 우리는 학생들이 온라인 수업에 참여하면서 자신의 인격을 드러내고 창의성을 발휘할 기회를 의도적으로 만들어야 한다.

블렌디드 학습에서는 학생의 목소리를 담고 학생에게 선택권을 부여하기 위한 아이디어 몇 가지를 고려하며 수업 설계를 시작하는 것이 중요하다. 덧붙여 교사가 영상 콘텐츠에 존재하는 것이 중요하듯, 학생들에게도 자신의 얼굴을 보이거나 음성을 녹음할 기회를 주도록 하자. 플립그리드(info.flipgrid.com)나 패들렛(padlet.com)과 같은 도구는 학생들이 제출하는 과제에 얼굴과 목소리를 간단하게 삽입할 수 있는 훌륭한 도구이다.

본질적으로 학생들이 자신을 더 드러내는 방식으로 활동하게 만드는 방법의 핵심은 온라인 공간에서도 교실에서 하듯이 의도적으로 공동체를 형성하는 것이다. 조용히 성찰하는 시간과 개별 과제를 하는 시간도 중요하지만 모든 학습이 고립된 형태로 이루어져야 하는 것은 아니다. 가르치고 배우는 일에서 고립되어 단조롭고, 관계를 맺거나 인간적인 측면을 느끼기 어려운 온라인 학습은 본질에서 벗어난 것이다.

## 상호작용적 디지털 수업

지금까지의 논의는 공동체를 만들고, 진정한 학습 경험을 제공하고, 디지털 콘텐츠에 참여시키는 가장 좋은 방법 중 하나, 즉 상호작용으로 우리를 이끈다. 수준 높은 온라인 콘텐츠와 형편없이 설계된 디지털 수업을 구별 짓는 핵심적인 특징 하나는 콘텐츠에 존재하는 상호작용의 수준이다. 학습은 사회적이고 능동적인 것이다. 이것은 학습의 일부를 온라인상으로 옮겼다고 해서 바뀌는 것이 아니다. 오히려 학습이 온라인상으로 이동할 때 더욱 의도적으로 이러한 상호작용 기회를 설계해야 고립적인 온라인 학습 환경을 만드는 위험에서 벗어날 수 있다.

디지털 수업을 설계할 때 여러분이 고려해야 할 세 가지 유형의 상호작용이 있다.

- 학생-학생 간 상호작용
- 학생-교사 간 상호작용
- 학생-콘텐츠 간 상호작용

블렌디드 교실에서 여러분이 설계하거나 학생들에게 부과하는 모든 디지털 수업에 이 세 가지 종류의 상호작용이 존재하는지 살펴보기 바란다.

### 학생-학생 간 상호작용

학생-학생 간 상호작용은 동시적으로든 비동시적으로든 학생들이 서로에게 개입하는 기회를 포함한다. 상호작용은 온라인으로 일어날 수도 있고, 오프라인에서 같은 기기로 학습하는 여러 명의 학생들이 상호작용할 수도 있다. 예를 들어, 학생 모두가 디지털 자료를 같은 속도로 학습하고 있다면 전통적인 교실에서 하듯이 짝 활동이나 그룹 활동을 만들 수 있다. 협업 과제는 디지털 도구를 사용해서 조용히 진행될 수도 있고, 같은 장소에서 물리적으로 진행될 수도 있다.

대부분의 디지털 학습 플랫폼은 토의를 할 수 있는 도구를 제공한다. 학생들은 자신의 과제와 생각을 공유하고, 질문을 올리고, 토의 게시판이나 비슷한 종류의 디지털 공간에서 공유하면서 친구들로부터 배울 수 있다. 비슷한 맥락에서, 학생들이 학습하면서 서로의 활동 결과를 모두 볼 수 있게 지속적으로 신경을 쓰면 좋다. 개인적으로 과제를 제출하는 대신 반 전체가 패들렛이나 토의 게시판을 사용해서 과제를 공유하게 하면, 학생들에게 실재하는 독자가 생기고 동시에 공동체를 형성할 수 있다.

### 비동시적인 학생-학생 간 상호작용

만일 학생들이 디지털 콘텐츠를 완료하는 속도에 유연성을 부여했다면 학생-학생 간 상호작용은 어려워질 수 있다. 학생들이 모두 같은 속도로 학습하지 않는다면, 창의력을 발휘해서 학생들이 서로에게 개입할 수 있는 기회를 전략적으로 만들어 내야 한다. 서로의 활동을 볼 수 있게 만드는 것은 학습이 동시에 일어나지 않는 상황에서도 공동체와 다른 친구들로부터 도움을 얻을 수 있게 만드는 좋은 예시이다.

온라인 협업 문서나 스프레드시트를 사용해서 그룹 필기를 하는 것도 학생들이 같은 속도로 학습하지 않을 때 협업 기회를 만들 수 있는 훌륭한 방법이다. 내가 좋아하는 간단한 전략 중 하나는 도해 조직자를 만들고 학생들이 협업해서 필기를 하게 하는 것이다. 구글 독스에서 표에 기반한 조직자를 사용하면 쉽게 만들 수 있다. 표를 보고 학생들은 각자 한 줄씩 맡아서 필기를 한다. 그런 다음 문서의 댓글 기능을 사용해서 다른 사람들과 상호작용하고, 친구들의 필기와 성찰 내용을 통해 한 번 더 배울 수 있다.

또 다른 선택지는 하루, 한 주, 또는 격주 단위로 협업 활동을 만들어 학생들이 현재 디지털 콘텐츠의 어느 부분을 학습하고 있는지에 관계없이 활동할 수 있게 하는 것이다. 이 활동들은 모든 학생에게 도움이 되는 중요한 주제나 기능에 초점을 맞추어, 학생들이 현재 개별적으로 학습하고 있는 개인화된 콘텐츠가 무엇이든 간에 도움이 되게 만든다.

모든 것이 온라인으로 이루어질 필요는 없다

결국 여러분은 오프라인 협업 활동이 많은 블렌디드 학습을 만들게 될 수도 있다. 이 경우 온라인 학습 영역을 더 개별적으로 만드는 것도 나쁘지 않다. 앞서 언급했듯이, 블렌디드 교실을 만드는 목적은 현존하는 모형이나 다른 교사들이 해 온 방식을 그대로 따라하는 것이 아니다. 학생들에게 가장 잘 맞는 학습 경험을 창조해 학생들이 함께 학습하는 의미 있는 기회를 만들어 내는 것이 제일 중요하다.

## 학생-교사 간 상호작용

학생-교사 간 상호작용은 형성평가와 총괄평가에 대한 피드백, 학생과의 의사소통, 토의 게시판·협업 문서·발표 같은 공공 공간에서의 개입을 통해 디지털 콘텐츠에 도입되어야 한다. 온라인 학습에서 교사의 존재가 학습 윤리에 큰 영향을 끼친다는 사실을 기억하자. 하지만 학생들에게 전달되는 자료에 교사가 분명하게 존재하는 것보다 더 중요한 건, 학생들이 제출하는 과제와 학습에 대한 교사의 개입이다.

### 피드백

즉각적인 피드백은 학습의 핵심이다. 학생들은 자신이 제출하는 과제를 교사가 지켜보고 신경을 쓴다는 것을 알아야 한다. 토의를 촉진하거나 토의 진행을 안내하고, 협업 문서에 댓글을 남기는 등의 일도 디지털 수업에서 교사가 능동적인 참여자가 되는 방법 중 하나이다.

그러나 높은 수준의 피드백을 즉각적으로 주는 것은 온라인이든 오프라인이든 교사의 노력을 가장 많이 필요로 하고, 시간이 들며, 부담스러운 일 중 하나이다. 우리는 과제나 프로젝트 말미에 피드백을 한꺼번에 남기느라 아주 많은 시간을 들이곤 한다. 우리가 학생들에게 남기는 총괄 피드백을 돌이켜봤을 때,

학생들에게 정말로 쓸모 있는 내용은 과연 얼마나 될까? 그 피드백은 학습을 안내하기 위한 것일까, 아니면 학생이 왜 그 점수를 받아야 하는지 알려 주기 위한 것일까?

더 유용한 피드백을 주기 위해서는 교사가 부여하는 커다란 과제나 프로젝트의 일부를 수정하는 것이 좋다. 해답은 더 많은 피드백을 주는 것이 아니라, 피드백을 과제나 프로젝트 곳곳으로 퍼뜨려서 학생들이 피드백을 활용할 수 있는 기회를 주는 것이다. 예를 들어, 큰 프로젝트를 여러 국면으로 쪼갤 수 있다. 학생이 모든 것을 한꺼번에 제출하는 대신에 프로젝트를 부분으로 나누어 완성하게 한다. 그런 다음 부분마다 집중적으로 피드백을 주는 것이다. 그러면 최종 제출물은 여러분이 준 피드백을 반영한, 수정 사항이 포함된 부분들을 합친 것이 된다. 이렇게 하면 마지막에 엄청난 양의 피드백을 줘야 하는 부담이 사라지고, 학생들이 기준에 맞는 과제를 제출할 가능성이 높아지며, 교사가 학생들의 학습을 향상시키는 방향으로 상호작용할 수 있게 된다.

피드백하는 과정을 더 다루기 쉽게 만드는 것 외에도, 디지털 콘텐츠에서 학생-교사 간 상호작용을 향상시키는 또 다른 전략은 음성이나 영상 피드백을 활용하는 것이다. 이러한 개인적인 접촉은 온라인 학습 경험을 진정으로 인간화하는데, 이는 매우 강력한 학습 증진 효과를 낳는다. 또한 이는 매우 효율적인 피드백이기도 한데, 같은 시간 동안 타자로 칠 때보다 말로 할 때 더 많은 내용을 전달할 수 있기 때문이다.

## 학생-콘텐츠 간 상호작용

학생-콘텐츠 간 상호작용은 학생들이 능동적으로 콘텐츠에 참여하고 있을 때 일어나는데, 상호작용형 콘텐츠를 학습하고 있을 때 또는 콘텐츠를 성찰하거나 응답하고 있을 때, 두 가지 경우 모두에서 발생한다. 온라인 수업에 학생-콘텐츠 간 상호작용을 도입할 수 있는 방법은 두 가지이다. 원래 상호적으로 만들어진 콘텐츠를 더할 수도 있고, 학생들이 정적인 콘텐츠에 참여하는 기회를 제공할 수도 있다.

게임, 시뮬레이션, 학생들이 능동적으로 클릭하고 참여해야 하는 학습 객체와 같은 콘텐츠들은 학생-콘텐츠 간 상호작용이 일어날 수 있는 예시이다. 이러한 학습 객체 및 활동들은 학생들과 상호작용을 많이 하도록 설계되어 있으므로 여러분의 디지털 콘텐츠에 추가하기 좋다.

## 상호작용형 콘텐츠를 만드는 도구

다음은 블렌디드 교실에 사용할 상호작용형 콘텐츠를 만드는 일을 돕는 훌륭한 설계 도구들이다.

**씽링크**ThingLink 씽링크(thinglink.com/edu)는 여러분만의 상호작용형 콘텐츠를 만들 수 있는 도구이다. 단순히 (여러분이 만들었거나 찾은) 이미지를 업로드하고, 아이콘을 추가하고, 아이콘에 링크를 걸어 학생들이 아이콘 근처에 커서를 가져가면 여러분이 보여 주고 싶은 콘텐츠가 나타난다. 글, 이미지, 링크, 영상, 음성 녹음, 그 밖의 다양  한 것들을 팝업으로 추가할 수 있다. 씽링크는 자동으로 코드를 생성하기 때문에 여러분이 만든 상호작용형 이미지를 웹페이지나 학습관리시스템에 손쉽게 추가할 수 있다.

**구글링크**Googlink 구글 드로잉을 사용하여 상호작용형 이미지를 창조할 수도 있고, 거기에 아이콘을 넣으면 학생들이 아이콘을 클릭했을 때 보충 설명을 위한 글, 이미지, 영상 등을 제공할 수 있다.  에릭 커츠Eric Curts(@ericcurts)는 처음으로 '구글링크'에 대한 아이디어를 탐색하고 활용하는 법에 대한 멋진 블로그 포스트를 작성했다. 사이트 bit.ly/ECgooglink에 접속해서 "구글링크: 구글 드로잉을 사용하여 상호작용형 포스터 만들기Googlink: Creating Interactive Posters with Google Drawings"라는 제목의 글을 읽을 수 있다.

**H5P** H5P(h5p.org)는 HTML5를 사용한 상호작용형 학습 객체(모바일 기기와 크롬북

에서 작동한다)가 있는 오픈 소스[18] 커뮤니티이다. 이 웹사이트는 여러분이 글과 이미지를 입력하면 자동으로 코드를 생성하여 전문적으로 보이는 상호작용형 자원을 교실에 도입할 수 있도록 돕는다(그림 9.3).

[그림 9.3] 전문적인 학습에 사용하기 위해 H5P를 사용해서 만든 아코디언 형태의 학습 객체.

H5P는 상호작용형 영상, 핫스팟 이미지[19], 페이지 레이아웃, 적절한 게임 등에 대한 견본을 제공한다. 성격 퀴즈 생성기도 있어서, 소설 수업에서 학생들의 관심을 끄는 데 사용할 수 있다. 학생들은 퀴즈를 통해 자신과 가장 닮은 소설 속 등장인물이 누구인지 찾는다.

---

18  오픈 소스 소프트웨어를 뜻하는 용어로, 소스 코드를 공개해 누구나 특별한 제한 없이 자유롭게 확인·수정·배포할 수 있다.

19  이미지의 특정 지점(핫스팟)을 클릭하면 팝업창이 뜨게 만든 이미지를 뜻한다.

**에드퍼즐** 에드퍼즐(edpuzzle.com)로 상호작용형 영상을 만들 수 있다. 에드퍼즐을 사용하면 에드퍼즐의 유튜브 계정이나 칸 아카데미, 내셔널 지오그래픽 채널 등에서 영상을 찾거나 여러분의 영상을 올릴수 있다. 그런 뒤 그 영상을 재생할 때 에드퍼즐을 이용해 영상을 멈추고 중간에 평가 질문을 추가하거나, 여러분의 음성이나 텍스트를 추가거나, 혹은 학생이 영상을 넘기지 못하게 명령을 걸 수 있다. 나중에는 모든 학생이 본 내용과 응답 데이터가 에드퍼즐 대시보드에 수집되어 한눈에 살펴볼 수 있다.

**교육 오픈 자원 웹믹스** 심발루 웹페이지 symbaloo.com/mix/oers4 에서 교육 오픈 자원 북마크가 시각적으로 전시되어 있는 것을 볼 수 있다. 이것은 원래 인디애나 온라인 아카데미Indiana Online Academy의 킴 헨드릭Kim Hendrick(@evolvewithkim)이 구성한 것이다.  나는 여기에 내가 좋아하는 자원 몇 개를 추가해서 상호작용형 콘텐츠를 더해 다시 구성했다. 여기에 북마크된 자원 상당수는 상호적이다. 모든 북마크는 교육 목적으로 선택되어 분류된 것이고, 무료로 사용할 수 있다. 나는 디지털 수업을 설계할 때 이 웹믹스를 사용하는 것이 구글, 핀터레스트, 티처스페이티처스Teachers Pay Teachers 를 샅샅이 뒤져서 쓸 만한 콘텐츠 몇 개를 찾아내는 것보다 훨씬 더 효율적이라는 사실을 발견했다.

동료 독자들에게 도움이 될 만한 놀라운 도구를 알고 있다면? 패들렛 padlet.com/michele_eaton/designtools에 자신이 즐겨 쓰는 설계 도구를 공유하고 다른 사람들이 올린 것도 확인해 보자.

설계 도구
패들렛

가끔은 온라인 수업에서 정적인 영상, 글, 웹사이트 콘텐츠를 사용하고 싶을 수도 있다. 이들은 학생들이 정보를 단순히 습득하기만 할 수 있는 자원들이다. 이러한 종류의 자료를 사용할 때는 각각의 자원을 보거나 읽은 뒤 짧은 활동을 만들어 상호작용성을 더하는 것이 좋다. 6장에서 이야기했던 능동적인 읽기 전략은 이러한 종류의 학생-콘텐츠 간 상호작용을 돕는 데 좋은 사례이다.

다음은 정적인 콘텐츠를 사용해서 상호작용을 만들어 내는 데 도움이 되는

| 서문-2장 능동적인 읽기 | | |
| --- | --- | --- |
| 이름 | 그들이 하는 말<br><br>읽다가 주의를 끈 부분이나 문장은 무엇인가? 그 문장의 의도는? | 내가 하는 말<br><br>그 아이디어에 대한 내 생각은?<br>교실에 적용할 수 있는 부분은? |
| Meagan C | "자유는 권력보다 행동 범위가 넓다. 권력은 내가 무엇을 통제할 수 있는지를 다룬다. 자유는 내가 무엇을 풀어놓을 수 있는지를 다룬다."<br><br>"나는 내 교실에서 배우고 싶은가?" | 내가 교사로서 가장 크게 깨달은 것 중 하나는 학생들에게 배운 것을 어떤 방식으로 보여 줄지, 심지어는 어떤 방향으로 학습하고 싶은지 선택할 기회를 주면 학생들이 처음보다 훨씬 더 정교한 생각을 한다는 것이다. 이를 통해 두 가지를 깨달았다.<br>1. 학생들은 자신에게 의미가 있는 과제에 대해서는 더 많이 신경을 쓴다.<br>2. 학습에서 언제나 학생에게 선택권을 줄 수 있는 방법을 찾자. |
| Megan G | • "우리가 할 일은 학생들을 무언가에 대비시키는 것이 아니라 학생들이 무엇에든 스스로 대비할 수 있게 돕는 것이다."<br>• "교실에 있는 모든 학생은 누군가의 세상이다. 학생들에게 권한을 부여하는 것은 우리의 사회적·인간적인 연결을 바꾸어 놓는다."<br>• "학생들에게 미리 알려 줄 수 있는 유일한 것은 예측할 수 없는 세상이다."<br>• "우리는 문지기로서 항상 한 발 물러나 있어야 하고……" | • 이 말은 정말 맞고 우리에게 주어진 사명과도 일치한다(내 개인적인 교육 철학하고도 말이다). 우리는 학교에서 학생들이 훌륭한 학습자가 되도록 준비시킬 뿐만 아니라, 자라나면서 올바른 시민이 되고 배운 것을 잘 활용할 수 있게 준비시키고 있다.<br>• 이 말이 나에게 와닿았던 이유는…… |

[그림 9.4] '그들이 하는 말, 내가 하는 말' 협업 문서 전략의 예시이다. 우리 교육청의 교사들은 존 스펜서와 줄리아니A.J. Juliani가 공동 저술한 《권한 부여Empower》와 조지 쿠로스George Couros의 《혁신가의 교육법The Innovator's Mindset》 일부를 읽고 이 표를 작성했다.

아이디어들이다.

- '그들이 하는 말, 내가 하는 말They Say, I Say' 도해 조직자 (bit.ly/graphorgsearch)를 비롯한 협업 문서 서식(그림 9.4)
- 성찰 활동(8장 참조)
- 짧은 자기 점검용 형성평가
- 다른 학생들과 대화하기

그들이 하는 말,
내가 하는 말

## 건설적인 피드백

학생들을 위한 디지털 콘텐츠를 설계할 때는 설계에 대한 피드백을 일찍, 자주 받도록 하자. 경험이 매우 풍부한 교수 설계자들도 자신들이 만드는 디지털 콘텐츠에 대한 건설적인 피드백을 받아야 한다. 다음의 사실을 직면하도록 하자. 자신이 설계한 것에 대해 객관적인 관점을 갖는 것은 굉장히 어렵다. 자신이 만든 콘텐츠는 모든 것이 알맞고 직관적으로 보인다. 직접 설계를 한다면, 동료나 친구 또는 학생들로부터 솔직한 피드백을 듣도록 하자. 분명히 결과물의 질을 향상시킬 것이고, 결과적으로 학생들의 학업 성취를 앞당길 것이다.

## 9장의 핵심 내용

이 장의 중요한 내용을 교육자 대상 국제교육기술협회 성취기준과 대응하여 제시하면 다음과 같다.

- 전통적인 교실에서 교사의 인격이 드러나듯, 온라인상에서도 학생들에게 진짜 여러분의 모습을 보여 주는 일을 꺼리지 말자. (교육자 5c, 6d)
- 학습이 일어나는 동안 교사가 더 가까이 느껴질수록(물리적으로 가깝다기보다 디지털 콘텐츠에서 교사의 존재가 느껴지는 것을 의미한다), 부정행위가 발생할 확률은 줄어든다. (교육자 5b, 5c)
- 온라인 수업에서 캐릭터를 사용하는 것은 약간의 이야기를 더하고, 참여적인 콘텐츠를 만들고, 학생들에게 제시간에 정보를 제공할 수 있는 좋은 방법이다. (교육자 5b, 6d)
- 온라인 수업에 참여하는 동안 학생들이 자신의 인격과 창의성을 드러낼 수 있는 기회를 의도적으로 만들어야 한다. (교육자 3a, 5a, 6d)
- 디지털 수업을 설계할 때 세 가지 종류의 상호작용, 즉 학생-학생 간, 학생-교사 간, 학생-콘텐츠 간 상호작용을 고려해야 한다. (교육자 3a, 4c, 5b, 5c)

## 더 생각해 보기

9장을 읽고, 자신의 수업에서 이 장의 아이디어를 어떻게 적용할 수 있을지 다음의 질문을 통해 생각해 보자.

- 여러분의 교실이나 수업을 특별하게 만드는 요소는 무엇인가? 그 요소를 어떻게 디지털 콘텐츠에 도입할 것인가?
- 학생들이 온라인 수업에서 인격과 창의성을 드러낼 수 있는 기회를 어떻게 제공할 것인가?
- 세 가지 상호작용 유형을 모두 포함하는 잠재적인 온라인 수업의 개요나 흐름도를 그려 보자.

여러분이 더 생각한 내용을 해시태그 #PerfectBlendBook을 달아 온라인에 공유하자.

## 10 모든 학습자를 위한 디지털 콘텐츠 설계하기

**이 장의 목표**

- 접근 가능한 디지털 콘텐츠를 만들어야 하는 이유와 법적 의무에 대해 알게
  된다.
- 접근 가능한 디지털 콘텐츠의 아홉 가지 요소를 이해한다.

## 접근성이란 무엇이며 왜 중요한가

교실에 사용할 디지털 콘텐츠를 설계할 때, 우리는 그 자료를 모든 학생이 접근 가능하도록 만들어야 한다. 기업이나 기관 등의 웹사이트 접근성을 점검하고 업무에 적합한 시스템을 설계하는 기관인 비액세서블Be Accessible에 의하면, "접근성이란 우리를 둘러싼 세상에 개입하고, 사용하고, 참여하고, 속하는 우리의 능력에 관한 것이다."(Be Accessible, n.d.) 이 구절의 핵심은 '공평한 접근'으로, 모든 학생이 처음부터 공평하게 경쟁할 기회를 보장하는 일이 무엇보다 중요하다는 뜻이다. 이것이 가능하려면 원하는 모든 학생이 우리가 제공하는 디지털 콘텐츠에 참여하고 상호작용할 수 있어야 한다.

접근 가능한 디지털 콘텐츠를 만드는 일은 교사로서 우리의 책임일 뿐만 아니라, 법 조항에도 명시된 의무이다. 미국장애인법과 재활법 504조는 접근성에 대한 지침을 마련하고 있는데, 특히 장애가 있는 학생들의 필요를 충족할 것을 강조한다. 이 연방법들은 모든 학생이 어떤 학습 활동에서도 접근성을 박탈당해서는 안 된다고 명시하고 있다. 학생이 장애로 인한 차별을 받지 않도록 콘텐츠에 대한 접근이 쉬워야 한다는 내용이 법으로 규정되어 있는 것이다. 즉 장애가 있는 학생도 다른 모든 학생과 동등한 콘텐츠 접근 기회를 가짐으로써 똑같은 학습 기회를 누려야 한다.

## 접근성 대 조정

접근 가능한 디지털 콘텐츠를 만들기 위해서는 상황을 앞서 주도하는 방식을 취해야 한다. 접근 가능한 콘텐츠란 학생 대다수가 자신의 고유한 필요나 능력에 관계없이 즉각적으로 참여할 수 있는 콘텐츠를 의미한다. 반면, 조정이란 수업을 하면서 콘텐츠와 평가에 변화를 주는 것으로, 학생에 따라 고유하며 사전에 이루어질 수 없다.

디지털 콘텐츠가 접근 가능하게 설계되었다고 해서 학습자들에 맞게 조정할 필요가 사라지는 것은 아니다. 그러나 교사가 조정에만 의존한다면, 학생들이 성취할 수 있는 공평한 기회를 갖지 못할 수 있다. 장애를 가진 학생이 언제 여러분의 수업에 배정될지 모른다. 더 나아가, 학생들 중 누군가는 진단받지 않았거나 아직 밝혀지지 않은 장애를 갖고 있어서 교사가 한동안 또는 영원히 그 사실을 모를 수도 있다. 이 학생들도 당연히 수업 첫날부터 학습 자료에 즉시 접근할 권리가 있다. 교사가 조정에만 의존한다면, 이 학생들은 어른들이 콘텐츠의 접근성을 개선할 때까지 기다리느라 즉시 학습을 시작할 수 없다. 처음부터 동일한 접근 권한을 갖지 못한다면 불이익을 받을 수밖에 없을 것이다.

접근성을 염두에 두고 설계하면 교실에 들어오는 어떤 학생에게든 대비할 수 있다. 그리고 학년의 시작과 끝에 같은 수업을 하는 일은 드물기 때문에, 여러분이 설계한 디지털 콘텐츠를 다시 조합해서 재사용하고 싶다고 생각하는 것은 충분히 가능한 일이다. 따라서 올해 교실에 있는 학생의 특성과 관계없이, 미래의 수업을 대비하기 위해서라도 모든 학생을 위한 설계가 필요하다.

## 접근 가능한 콘텐츠 설계의 9가지 원칙

접근 가능한 콘텐츠를 설계하는 것은 확실히 접근성을 염두에 두지 않고 설계하는 것보다는 더 많은 시간이 든다. 하지만 학생들이 여러분이 만든 콘텐츠에 참여하지 못하고, 수업을 즐기지 못하게 될 때에야 비로소 콘텐츠를 '고치는' 것보다는 사전에 접근성 있게 설계하는 편이 훨씬 효율적이다. 이 장을 읽을 때, 접근성이 떨어지게 설계한 뒤 사후에 고치는 것과 처음부터 모든 학생을 염두에 두고 설계하는 것 사이의 작업량 차이를 고려하며 읽기 바란다.

디지털 자료를 만들 때는 다음과 같이 접근 가능한 콘텐츠의 아홉 가지 요소를 고려해야 한다.

- 글 서식 설정
- PDF 가독성
- 색깔 사용
- 애니메이션 및 시각 효과
- 하이퍼링크
- 이미지
- 수식
- 키보드 탐색
- 영상 자막 및 대본

각각의 요소를 자세히 살펴보도록 하자.

# 글 서식 설정

글은 많은 디지털 수업에서 주로 사용되는 요소이다. 접근성이 떨어지는 글에도 모든 학생이 접근할 수 있도록 조치를 취하지 않으면 원활한 학습이 어려워진다.

## 제목과 스타일

제목은 글을 탐색하는 시각적 신호를 제공한다. 이 책을 읽는 여러분도 제목과 부제를 활용해서 읽고 있을 것이다. 책의 앞부분으로 돌아가서 복습을 하거나 읽었던 부분을 다시 읽고자 할 때, 제목과 부제를 사용해서 특정한 부분을 찾을 수 있다. 웹사이트에서 필요한 정보를 찾고 있을 때도 마찬가지이다. 제목과 부제는 특정한 정보를 찾기 위해 글을 훑어보는 데 도움이 된다.

그러나 시력에 문제가 있거나 앞이 보이지 않아서 스크린리더(화면 낭독기)를 사용해 웹사이트나 디지털 텍스트를 읽는 사람은 그러한 시각적 신호를 볼 수 없다. 이럴 경우 페이지를 탐색할 때 기술에 의존해야 하는데, 스크린리더가 제목과 부제를 읽을 수 있어야 시력이 손상된 사람도 효율적으로 글을 탐색할 수 있다.

문제는 단순히 제목을 굵게 하거나 크기를 키우는 것만으로는 안 된다는 점이다. 스크린리더는 굵은 글씨나 기울임체를 인식하지 못한다. 스크린리더는 어떤 글씨가 다른 글씨보다 크다고 독자에게 말해 주지 않는다. 스크린리더는 그냥 글을 읽을 뿐이다. 따라서 평가에 필요한 정보를 찾기 위해 이전 텍스트로 돌아가고자 한다면 전체 내용을 다시 들어야 한다. 스크린리더는 글의 특정한 부분을 포착하기 위해 제목을 재빨리 파악하는 능력이 없기 때문이다.

제목과 부제에 접근성을 부여하는 가장 간단한 방법은 글에 스타일을 설정하는 것으로, 워드프로세서의 스타일 메뉴('단락 스타일'이라고 표기되는 경우도 있다)에서 설정할 수 있다(그림 10.1). 제목을 눈에 띄게 만들기 위해 일일이 글씨 크기와 서식을 변경하는 대신, 여러분이 작성하는 문서의 위계상 제목 자리에 맞는 스타일을 선택하면 된다(제목, 부제, 제목1, 제목2 등).

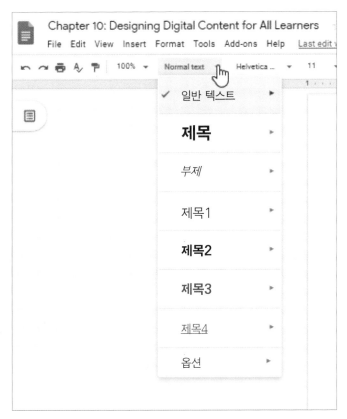

[그림 10.1] 구글 독스의 스타일 메뉴.

학습관리시스템의 글상자에서 작업할 때 글상자에 제목의 위계를 설정할 수 있는 스타일 옵션이 없다면, 다른 방법이 있다. 마이크로소프트 워드나 구글 독스에서 내용을 자판으로 입력하고 스타일을 알맞게 적용한 뒤 복사해서 글상자에 붙여 넣기 하면 제목 서식을 그대로 유지할 수 있다. 제대로 되었는지 확인하는 방법 중 하나는, 내용을 붙여 넣기 한 다음 글상자에서 소스 코드를 확인하는 것이다. 제목에 스타일이 알맞게 적용되어 있으면, 제목 앞뒤로 태그가 추가되었을 것이다. 예를 들어, '제목1'에 해당하는 텍스트의 앞뒤에는 〈h1〉과 〈/h1〉이 있을 것이다. 이런 태그가 보인다면, 제목에 접근성이 부여된 것이다.

### 글꼴 선택

읽기 쉬운 글꼴을 선택하는 일은 매우 중요하다. 글꼴에 접근성을 부여하는 것은 시력이 손상된 사용자뿐만 아니라 모든 사용자의 가독성을 향상시킨다. 모든 기기에서 널리 사용 가능한 간단한 글꼴을 사용하는 것이 좋은데, 일반적으로 두 가지 이내의 글꼴로만 이루어진 글이 가장 읽기 쉽다. 버다나Verdana, 타호마Tahoma, 트레뷰셋엠에스Trebuchet MS, 조지아Georgia 등 사실상 웹에 특화된 형태로 디자인된 글꼴이 있는 반면, 필기체나 장식체 같은 글꼴은 화면으로 읽기가 무척 어렵다. 후자는 피하고 모든 글자를 대문자로 적는 것도 피하는 편이 좋다. 대문자로 쓴 글은 마치 소리를 지르는 것처럼 보이고 읽기도 더 어렵다.

글꼴 선택과 접근성에 대해 더 많은 정보를 얻고 싶다면, 사이트 webaim.org/techniques/fonts에 접속해서 웹에이아이엠WebAIM(웹 접근성 고려하기Web Accessibility in Mind) 자원을 확인해 보자. 웹에이아이엠은 접근 가능한 디지털 콘텐츠 설계에 도움이 되는 전문 지식, 지침, 도구를 제공하는 비영리단체이다.

WebAIM

## PDF 가독성

스크린리더를 사용하는 학생들은 PDF 파일도 손쉽게 탐색할 수 있어야 한다. 그런데 모든 PDF가 동일한 방식으로 생성되는 것은 아니다. 잡지 기사가 실린 PDF 파일이 있다고 가정해 보자. 이 PDF는 글이 스캔된 이미지, 다시 말해 본질적으로 고정된 '그림'이라고 할 수 있는 페이지들로 구성될 수도 있고, 검색이 가능한 기사 텍스트일 수도 있다. 스크린리더는 PDF가 검색 가능한 텍스트일 때만 읽을 수 있고, 문서의 고정된 그림일 때는 읽을 수 없다.

그렇다면 PDF가 검색 가능한 텍스트를 포함한 접근성 있는 파일인지의 여부는 어떻게 알 수 있을까? 간단한 테스트를 해 보면 된다. PDF를 열어 텍스트에 강조 표시를 해 보자. 개별 단어에 강조 표시를 할 수 있으면, 그 PDF는 접근성이 있을 가능성이 높다(그림 10.2). 또 다른 방법으로는 검색창을 열어서 화면에 보이는 단어를 검색해 보는 것이다. 검색창을 사용해서 단어를 검색할 수 있다면 스크린리더도 단어를 읽을 수 있다.

PDF 가독성은 사전에 접근 가능한 설계를 하는 것이 사후에 고치는 것보다

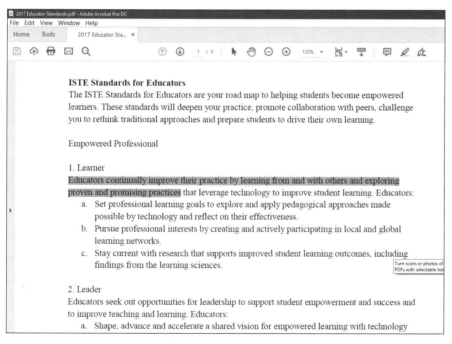

[그림 10.2] 교육자를 위한 국제교육기술협회 성취기준을 다룬 이 PDF에서는 개별 단어와 문장에 강조 표시를 할 수 있기 때문에, 이 PDF는 접근성이 있다.

얼마나 더 효율적인지를 보여 주는 단적인 사례이다. 여러분이 디지털 수업을 설계하고 있는데 특정한 PDF 파일을 사용하려고 보니 그 파일이 접근성이 떨어진다면 그 파일 대신 다른 자원을 사용하면 그만이다. 하지만 접근성이 떨어지는 PDF를 이미 사용하고 있는데 나중에 그 수업에 접근성을 부여하려고 한다면 문제가 커진다. 특히 그 문서를 사용하는 평가를 계획했다면 문제는 더 심각하다. 이 경우 정확히 똑같은 내용의 접근 가능한 문서를 찾거나 새로운 자원으로 수업을 재설계하거나, PDF를 다시 자판으로 입력하거나, PDF를 접근 가능한 형태로 변환하는 방법을 찾아야 한다('더 알아보기'의 '마이크로소프트 오피스 렌즈' 참조). 지금 추가 작업을 해 두는 것이 앞으로의 시간을 아끼고 짜증도 줄이는 방법이다.

## 색깔 사용

디지털 콘텐츠에서 색깔을 사용하는 방식에 주의를 기울이지 않으면, 온라인 수업의 접근성은 너무도 쉽게 떨어질 수 있다. 수업을 설계할 때 언제나 바탕색깔과 글씨 색깔의 대비를 고려하고, 행동을 안내하기 위해 색깔을 사용하는 방식에도 주의를 기울이도록 하자.

### 색상 대비

온라인 수업에 색깔을 사용하고자 할 때, 바탕 색깔과 글씨 색깔이 선명하게 대비되도록 선택하자. 일반적으로 학생들이 몇 단어에 불과한 글을 읽는 것이 아니라면 하얀 바탕에 검은 글씨를 써야 한다.

여러분이 만드는 슬라이드나 이미지에 단어가 몇 개 안 들어간다면, 대비가 선명하다는 전제하에 색깔이 있는 글씨를 사용해도 괜찮지만, 디지털 콘텐츠를 이루는 대부분의 텍스트는 검은 글씨여야 한다. 다만 시력에 문제가 있는 학생들은 하얀 바탕이 만들어 내는 눈부심 때문에 검은 배경에 하얀 글씨가 더 도움이 될 수도 있다. 이 경우에는 상황에 맞게 사후 조정을 하는 것이 최선이다.

### WebAIM 콘트라스트 체커

WebAIM 웹사이트에서 제공하는 자원 중 하나는 콘트라스트 체커Contrast Checker로, 발표, 포스터, 이미지 등에 사용할 색깔을 선택할 때 시간을 절약해 준다.

이 도구는 접근성을 확인하기 위해 바탕 색깔과 글씨 색깔을 확인한 후, 여러분이 선택한 색상 조합이 충분히 대비를 이루는지 알려 준다. 사이트 webaim.org/resources/contrast-checker에서 직접 색상을 조합해 볼 수 있다.

콘트라스트 체커

색깔을 특정하려면, 글상자에 나와 있는 16진수로 된 색상 코드를 입력하거나 색상 상자를 클릭해서 색깔을 직접 선택할 수 있다. 제3의 색상 추출 도구를 사용하면 이미지, 웹사이트, 문서에서 색상을 추출할 수 있다(나의 경우 bit.ly/eyedropext에서 아이드로퍼Eye Dropper 크롬 확장 프로그램을 사용한다). 색상을 입력하면 콘트라스트 체커가 일반 텍스트와 굵은 텍스트에서의 색상 조합 예시를 보

아이드로퍼

여 주고, 웹 콘텐츠 접근성 안내 지침WCAG 적합도를 충족하는지 알려 준다.

예를 들어 [그림 10.3]은 콘트라스트 체커가 활성화된 화면으로, 초록색 글씨와 남색 바탕 화면의 조합을 평가한다. 결과가 의미하는 바는 다음과 같다. WCAG에서는 적합도를 A, AA, AAA의 세 가지로 제시한다. A는 접근성이 가장 낮은 수준의 법적 적합도이고, AAA가 가장 높은 수준의 법적 적합도이다. (WCAG는 이 장에서 제시한 9가지 요소 전부와 더불어 다른 여러 가지 요소에 대한 기

[**그림 10.3**] WebAIM 콘트라스트 체커는 특정한 두 가지 색상의 조합이 웹 콘텐츠 접근성 지침에 부합하는지를 확인한다. 사이트 bit.ly/webaimcc1에서 전체 이미지를 볼 수 있다.

.............

20  퍼머링크란 인터넷에서 특정한 전자 문서에 영구적으로 부여된 하이퍼링크를 말한다.

준을 보유하고 있다.) 초록색과 남색 조합은 굵은 텍스트에서는 두 수준 모두에서 적합도를 충족하지만 일반 텍스트에서는 AAA 수준의 적합도를 충족하지 못한다.

나중에 더 자세히 논의하겠지만, 영상 접근성은 A, AA, AAA 세 수준의 WCAG 적합도가 서로 어떻게 관련되는지를 보여 주는 좋은 예이다. 영상이 A 수준의 적합도를 충족하려면 자막이 정확해야 한다. AA 수준을 충족하려면 영상과 자막이 정확하게 일치해야 하고 모든 음성과 영상에 대한 기록을 마련할 것을 권고한다. AAA 수준을 충족하려면 앞서 언급한 것이 전부 마련되어야 하고 추가로 수화 녹화 영상이 있어야 한다.

여러분이 보유한 모든 디지털 콘텐츠를 웹 콘텐츠 접근성 지침 AAA 수준의 적합도에 도달하게 만들기는 어렵겠지만, 나의 경우 색깔 사용에 대해서만큼은 웬만하면 가장 높은 수준으로 적합도를 충족시키려고 한다. A와 AAA 수준의 차이는 색상 간 대비 정도뿐이라서 적합도를 충족시키는 일이 별로 어렵지 않기 때문이다.

[그림 10.3]에서는 일반 텍스트에서 AA 수준을 충족하고 굵은 텍스트에서 AAA 수준을 충족하는 적당히 성공적인 조합을 보여 주었다면, [그림 10.4]에서는 색상 대비가 너무 낮아서 기준을 통과하지 못했을 때 어떤 화면이 나타나는지를 보여 준다. 사용자의 시력이 어떻든 간에, 이렇게 색상을 조합하면 알아보기가 어렵다. 이것은 접근 가능한 디자인이 모두에게 얼마나 이로운지 보여 주는 또 다른 사례이다.

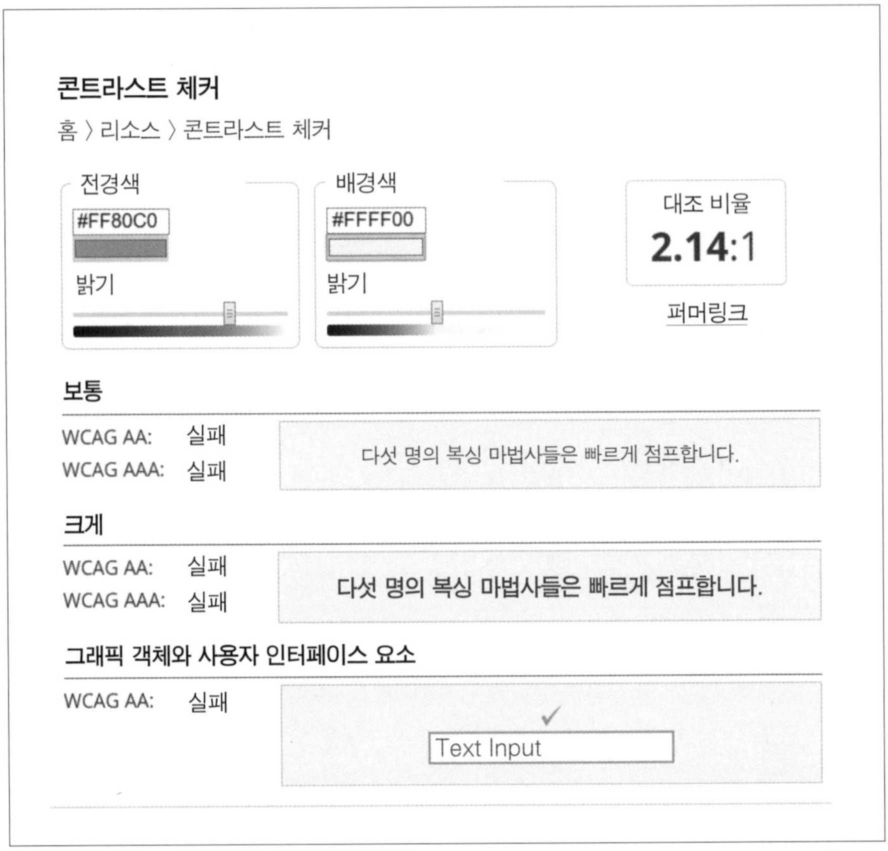

**콘트라스트 체커**

홈 〉 리소스 〉 콘트라스트 체커

전경색
#FF80C0

밝기

배경색
#FFFF00

밝기

대조 비율
**2.14**:1

퍼머링크

**보통**

WCAG AA: 실패
WCAG AAA: 실패

다섯 명의 복싱 마법사들은 빠르게 점프합니다.

**크게**

WCAG AA: 실패
WCAG AAA: 실패

다섯 명의 복싱 마법사들은 빠르게 점프합니다.

**그래픽 객체와 사용자 인터페이스 요소**

WCAG AA: 실패

✓
Text Input

[그림 10.4] 여기에 사용된 분홍색과 노란색의 조합은 색상 대비가 충분하지 않아 WCAG의 어느 수준의 적합도도 충족하지 못한다. 사이트 bit.ly/webaimcc2에서 전체 화면을 볼 수 있다.

학생들과 같이 해 보자

학생들에게도 콘트라스트 체커를 보여 주면 어떨까? 학생들이 온라인으로 작성한 발표 자료나 이미지 중에는 분명 어색한 색상 조합이 있을 것이다. 학생들에게 자신들의 기기에 WebAIM 콘트라스트 체커를 북마크해 두고 온라인으로 작성한 과제를 제출하기 전에 사용하게 하자. 색상 조합을 평가한다는 게 우스운 일이기는 하지만, 나중에 여러분이 과제를 보기에도 편하고 더 중요한 것은 학생들이 접근성에 대한 값진 교훈을 얻는다는 것이다. 학생들 모두 앞으로 살아가면서 다른 사람들에게 보여 줄 콘텐츠를 만들 일이 한 번쯤은 생길 것이다. 일부 사용자가 아닌 모든 사용자를 염두에 두고 디자인해야 한다는 것은 언제 배워도 좋은 가치 있는 기술이다.

　나 또한 어린 학생들과 이 도구를 사용해 왔는데, 학생들이 WCAG의 의미나 색상 코드를 이해할 필요는 없다. 학생들이 색상표에서 색깔을 고를 수 있다면, 초록색은 고른 색깔들이 잘 어울린다는 뜻이고 빨간색은 읽기 어려운 조합을 의미한다는 사실을 직관적으로 알 수 있다. 내가 가르친 가장 어린 학생들조차 어렵지 않게 접근성에 대해 배울 수 있었다.

## 애니메이션 및 시각 효과

　애니메이션 및 시각 효과는 여러분의 수업에 생기를 불어넣을 수도 있고, 접근성을 떨어뜨려서 수업을 악몽 같은 시간으로 뒤바꾸어 놓을 수도 있다.

### 깜박이는 콘텐츠

　특정한 애니메이션이나 시각 효과는 발작 장애가 있는 사람들에게 치명적일 수 있다. 이 때문에 웹 콘텐츠 접근성 지침에서는 웹페이지가 1초에 3번 이상 깜박이는 콘텐츠를 포함해서는 안 된다고 명시하고 있다. 개인적으로는 1초에 몇 번 깜박이는지 세어 보기보다는 깜박이는 콘텐츠에 대해 조금 더 보수적인 입장을 취하는 편이다. 최대한 안전을 생각해서 조금이라도 깜박인다 싶은 건 모두 피한다. 어쨌거나 깜박이는 페이지는 결국 학생들에게 전달하고자 하는 내용을 산만하게 만들기 쉽다.

　학생들에게 웹사이트를 안내할 때, 다음의 사항을 지키기 바란다.

- 깜박이는 효과가 있는 애니메이션을 제거한다.

- 발표에서 슬라이드 전환 애니메이션 효과는 속도가 느리고 단순한 것으로 바꾼다.
- 깜박이는 콘텐츠나 광고가 있는 웹사이트의 사용을 피한다.

학생들에게 제공할 다른 대체할 만한 자원을 찾지 못해서 깜박이는 콘텐츠나 광고가 있는 웹페이지를 안내해야만 한다면 어떻게 해야 할까? 페이지를 PDF 파일로 내려받아 필요한 내용은 보존하면서 깜박임 효과를 제거하면 된다. 크롬 확장 프로그램 가운데 어도비 애크로뱃 DC(bit.ly/adobeext)와 같이 웹페이지를 PDF로 변환하는 프로그램들이 있다. 확장 프로그램 대다수가 웹페이지를 PDF로 변환할 때 불필요한 광고 등 페이지 일부를 제거할 수 있게 만들어 준다. 단, 변환할 때 웹사이트와 제작자에 대한 정보는 제거하지 않도록 주의하자. 안 그러면 콘텐츠가 누구 소유인지 혼란이 발생할 수 있다.

어도비 애크로뱃
DC

### RSS 피드

RSS 피드를 사용하는 웹사이트는 움직임이 발생하는 또 다른 자원으로, 필요하다면 학생이 멈출 수 있어야 한다. RSS 피드란 트위터, 페이스북, 블로그 등에 올라오는 정보를 실시간으로 보여 주는 내장형 위젯이다. 새 글이 올라오면, 피드에 새로운 내용이 스크롤된다. 학교나 교실에서 사용하는 웹사이트 하나쯤은 이런 기능을 갖췄을지 모른다. RSS 피드가 있는 웹사이트를 학생들에게 공유할 때는 모든 위젯에 멈춤 기능이 있는지 확인해야 한다. 모든 사용자가 RSS 피드가 자동으로 움직이는 것을 멈출 수 있어야 한다. 그게 불가능하다면 다른 자원을 찾거나 앞서 말한 대로 웹사이트를 PDF로 변환해야 한다.

## 하이퍼링크

모든 사용자에게 접근성을 부여하기 위해 하이퍼링크를 만들 수도 있다. 이럴 때는 하이퍼링크의 문구가 링크된 콘텐츠를 설명하도록 해야 한다. 스크린리더를 사용하는 사람이 링크 앞뒤의 정보를 읽어서 맥락을 파악하지 않고도, 링크에 접속했을 때 어떤 일이 일어나는지 알 수 있어야 한다. 따라서 단순히 여기를 클릭 또는 링크라고 적힌 하이퍼링크 문구는 접근성이 떨어지므로 피해야 한다. [그림 10.5]는 하이퍼링크의 올바른 예시와 잘못된 예시를 보여 준다. 하이퍼링크는 주변에 설명하는 글 없이 단독으로 사용되더라도 클릭하는 사람이 무엇을 클릭하고 있는지 알 수 있어야 한다.

[그림 10.5] 접근성 있는 하이퍼링크 1개와 접근성이 떨어지는 하이퍼링크 2개.

비슷한 이유로, 하이퍼링크에 문구가 아닌 URL을 그대로 사용하는 것은 적합하지 않다. [그림 10.5]의 세 번째 예시를 스크린리더가 읽는다고 생각해 보자. 스크린리더는 나열된 글자를 하나하나 모두 읽기 때문에 URL을 그대로 사용하는 것은 피해야 한다. URL에 따라 정말 끝도 없이 길어질 수 있다.

# 이미지

화면을 볼 수 없는 학생들은 스크린리더가 '읽어 주지' 않으면 어떤 이미지가 화면에 있는지 알 수 없다. 우리가 디지털 콘텐츠를 설계할 때 이미지를 효과적으로 사용했다면, 선택된 시각 미디어에는 교육적 가치가 있을 것이다. 따라서 교사는 학생들이 화면을 볼 수 없다 해도 그 이미지들이 인식되게 만들어 교육적 혜택을 누릴 수 있도록 도와야 한다.

## 알트 태그

이미지를 넣을 때마다, 그 이미지에 알트 태그 또는 대체 텍스트라고 불리는 것을 추가해야 한다. 알트 태그란 화면으로는 보이지 않지만 스크린리더는 읽을 수 있는 짧은 설명문이다. 스크린리더를 사용하지 않는 학생들에게는 화면상에 이 글이 보이지 않는다. 하지만 스크린리더를 사용해서 페이지를 읽으면, 스크린리더가 알트 태그에 있는 텍스트를 읽어서 이미지를 묘사한다.

알트 태그를 추가하는 방법은 도구마다 다르지만, 일반적으로 이미지의 서식을 변경하는 옵션에서 필요한 기능을 찾을 수 있다. 가끔은 이미지를 처음 넣을 때나 업로드할 때 알트 태그를 추가하게 하는 도구도 있는데, 보통은 학습관리시스템에서 이 옵션을 사용한다. 하지만 구글 프레젠테이션이나 구글 독스에서는 이미지 위에서 마우스 오른쪽 버튼을 클릭하면 나타나는 팝업창의 '대체 텍스트'를 클릭하기만 하면 된다.

여러분이 사용하는 소프트웨어가 어떤 절차를 거치든, 이미지를 설명하는 알트 태그는 중요하다. 모든 학생이 이미지에 접근 가능하도록 대체 텍스트를 추가하는 방법을 별도로 알아둘 필요가 있다.

## 이미지에 대한 좀 더 긴 설명문

짧은 설명은 알트 태그로 충분하지만, 어떤 이미지는 일반적인 경우보다 더 긴 설명이 필요하다. 도표나 그래프, 인포그래픽 등은 설명할 내용이 아주 많은데, 이 경우에는 온라인 협업 문서에 설명문을 작성한 뒤 이미지 아래에 하이퍼링크를 다는 편이 낫다. 그러니까 이미지에 대한 대본을 만드는 셈이다.

그렇다고 이런 수고 때문에 디지털 콘텐츠에 인포그래픽, 도표, 표 사용을 꺼리지는 말기 바란다. 이러한 종류의 시각 미디어는 온라인 수업에서 효과적으로 정보를 전달하는 데 매우 유용한 방법이다.

---

### 트위터의 접근성

접근성은 소셜 미디어에서도 매우 중요한 요소라는 사실을 알고 있는가?

만일 여러분이 트위터를 비롯해 해시태그를 사용하는 소셜 미디어 플랫폼을 사용하고 있다면, 해시태그를 낙타 표기법으로 적어 스크린리더로 읽을 수 있도록 하자. 낙타 표기법이란 해시태그의 모든 단어를 대문자로 시작하게 적어 마치 낙타 혹처럼 보이게 하는 것이다. 이렇게 하면 스크린리더가 #LikeThis를 "해시태그 라이크 디스"라고 읽을 수 있다. 반면, 스크린리더가 #notlikethis와 같은 해시태그를 만나면 각각의 단어가 어디서 시작하는지 모르기 때문에 글자를 하나하나 읽을 수밖에 없다. 모두 소문자로 된 해시태그는 피하도록 하자.

다른 한편으로는 여러분이 트위터에 공유하는 이미지의 설명 추가 기능이나 알트 태그 기능을 활성화하도록 하자. 이 기능을 활성화하려면(기본값으로 비활성화되어 있다), 트위터에서 '설정 및 개인 정보'로 들어간다. '접근성'을 클릭해서 '이미지 설명 알림을 받습니다'를 활성화한다(그림 10.6). 이제 트윗을 할 때, 여러분이 게시할 이미지에 알트 태그를 추가할 수 있는 추가 옵션을 볼 수 있을 것이다.[21]

---

21 '트위터'는 2023년 7월에 'X'로 앱 이름이 변경되었다. 현재는 설정에서 기본값을 변경하지 않고도 트윗할 때 이미지 아래의 '설명 추가하기'를 눌러 이미지 설명을 추가할 수 있다.

← 접근성

**미디어**

이미지 설명 알림을 받습니다
게시물을 전송하기 전에 이미지 설명을 추가하라는 알림을 받습니다.

**X에서의 접근성 자세히 알아보기**

X에서의 접근성

[그림 10.6] 트위터 접근성 설정.

더 잘 알면, 더 잘 트윗할 수 있다.

사실 여러분이 인포그래픽이나 이미지를 직접 디자인한다면, 온라인 협업 문서에서 먼저 대략적인 계획을 세우는 게 도움이 된다. 디자인을 하기 전에 그래픽에 대한 스토리보드나 대강의 개요를 먼저 만든다면, 그 문서를 나중에 이미지를 설명하는 대본으로 사용할 수 있다. 미리 세워 둔 계획이 디자인을 더 효율적으로 보이게 도우면서 두 가지 목적을 동시에 달성하게 할 것이다.

## 수식

수학과 과학 수업에서 배우는 공식이나 수식도 스크린리더로 읽을 수 있어야 한다. 그러나 수식이 이미지로 표시된다면, 스크린리더가 읽을 수 있는 적절한 알트 태그를 제공할 수 없을 것이다. 접근 가능한 수식이나 공식을 만드는 세 가지 방법이 있다.

- 수식이 이미지로 저장된다면, 이미지마다 수학 수식과 기호를 글로 적어서 알트 태그를 추가한다. 수학을 이해하지 못하는 스크린리더가 어떻게 하면 공식을 읽을 수 있을지 생각해 보자.
- MathML 설계가 가능한 수식 편집 도구를 사용한다. MathML은 접근 가능한 수식 작성 언어이다.
- PDF 대신 마이크로소프트 워드 문서를 사용한다. 워드의 수식 편집기는 접근성이 있다. 플랫폼 내에서 접근 가능한 수식 편집기를 사용할 수 있는 것이 확실하다면 학습관리시스템에서 곧바로 수식을 작성하는 것도 좋은 아이디어이다.

PDF와 마찬가지로 디지털 콘텐츠에 있는 수식 각각에 강조 표시를 할 수 있으면, 그 수식은 접근성이 있을 가능성이 높다. 반면 수식에 강조 표시를 하려고 할 때, 수식 전체를 둘러싸는 박스가 생긴다면, 그 수식은 이미지로 되어 있어서 접근성을 부여하기 위해 알트 태그가 필요하다.

## 키보드 탐색

운동 기능에 어려움을 겪는 학생이라면, 마우스나 트랙 패드를 사용해서 웹사이트를 탐색하는 일이 불가능에 가깝다. 웹사이트나 디지털 콘텐츠가 접근 가능하려면 키보드만을 사용해서 페이지를 탐색할 수 있어야 한다.

### 접근성 진단 도구

문서와 웹사이트가 접근 가능한지 검사해 주는 진단 도구들이 있다. 교사가 직접 작성한 문서라면 알트 태그, 적절한 제목, 접근 가능한 색상 조합 등을 사용했는지 알고 있으므로 진단 도구를 사용할 필요가 없다. 그러나 나의 경우 진단 도구를 즐겨 사용하는데, 특히 다른 교사가 공유한 콘텐츠에 적절히 사용한다. 다른 사람이 설계한 문서나 디지털 수업을 사용하기 전에 아래에 제시된 접근성 진단 도구 중 하나로 검사를 하고, 그 자료를 학생들에게 전달하기 전에 내가 고쳐야 할 문제들이 있는지 확인한다.

**그래클 독스**Grackle Docs 그래클 독스(grackled-ocs.com)는 구글 독스, 구글 프레젠테이션, 구글 시트에서 사용할 수 있는 구글 워크스페이스 애드온[22] 프로그램이다. 문서를 연 상태에서 이 프로그램을 실행하고, 글, 색깔, 링크, 이미지의 접근성 문제를 표시하게 하자. 사이트 bit.ly/grackledocs에서 짧은 튜토리얼 영상을 볼 수 있다.

그래클 독스

그래클 독스
튜토리얼

**마이크로소프트 접근성 진단 도구** 마이크로소프트 제품을 사용한다면, 내장된 접근성 진단 도구를 이용해 보자. '검토' 메뉴를 클릭하고 '접근성 검사'를 선택해서 접근성 오류를 검사하고 수정 권고 사항을 받을 수 있다. 또한 작업하는 동안 접근성 진단 도구를 켜 놓으면 실시간으로 오류를 알려 줄 것이다.

**웨이브** 웹 접근성 진단 도구 WebAIM은 웨이브WAVE라고 불리는 접근성 진단 도구 모음을 제공한다(wave.webaim.org). WebAIM 웹사이트의 웨이브 웹페이지에 링크를 입력해서 접근성을 검사하거나 크롬 또는 파이어폭스 확장 프로그램을 설치할 수 있다(wave.webaim.org/extension).

웨이브

웨이브
확장 프로그램

웹사이트의 키보드 탐색 접근성을 검사하려면, 다음과 같이 해 보자.

- 사이트에서 Tab키를 누르면 다음 버튼으로 넘어가는지 확인한다.
- Shift+Tab키를 눌러 이전 버튼이나 링크로 돌아갈 수 있는지 확인한다.

............

22  플러그인 또는 확장 프로그램과 유사한 특정 프로그램의 기능을 보강하기 위한 프로그램을 뜻한다.

- 링크가 선택되어 있을 때 스페이스바space bar나 엔터Enter키를 눌러 그 링크나 버튼이 활성화되는지 확인한다.

다행히 마이크로소프트 오피스나 구글 워크스페이스로 문서를 만든다면, 이 플랫폼들은 키보드 탐색 접근성이 있기 때문에 안심할 수 있다. 널리 사용되는 학습관리시스템 대부분도 마우스를 사용하지 않고 접근할 수 있는 플랫폼이 있다. 그 밖의 웹사이트를 학생들에게 안내한다면 키보드 탐색 접근성이 문제가 될 수 있지만 학생들에게 링크를 알려 주기 전에 사이트를 검사하는 데는 많은 시간이 들지 않는다.

## 영상 자막 및 대본

앞서 언급했듯이 법에 저촉되지 않으면서 웹 콘텐츠 접근성 지침의 A 수준을 충족하는 콘텐츠를 만들려면 녹화된 모든 영상에 정확한 자막이나 대본이 있어야 한다. 자막이나 대본은 직접 추가할 수도 있고, 정확하기만 하다면 자동 생성 기능을 사용해도 된다. 영상에 자막을 달거나 대본을 만드는 것은 학생들에게 전달하기 전 접근 가능한 디지털 자료를 만드는 과정에서 시간을 가장 많이 들이는 일이 될 것이다.

유튜브에서는 자막이 자동으로 생성되지만, 음성-텍스트 자동 변환이 완벽하지 않다는 점에 유념해야 한다. 유튜브 영상을 사용할 때는 모든 자막이 정확한지 반드시 확인해야 한다.

직접 만든 영상을 유튜브에 업로드 한다면, 자동 생성된 자막을 편집하거나 직접 자막을 넣을 수 있다. 자동 생성된 자막을 편집해서 잘못된 부분을 고치는 것이 정확한 자막을 만드는 가장 효율적인 방법이다. 하지만 다른 사람이 만든 영상이라면 여러분에게는 편집 권한이 없으므로, 온라인 협업 문서에 필요한 자막을 직접 입력하고 영상 아래에 링크를 걸 수 있다.

8장에서는 여러분이 영상을 직접 제작하면 학습자들을 여러분의 디지털 수업에 참여시킬 수 있으므로 유용하다고 이야기했다. 직접 영상을 제작하면 다른 사람의 영상에 대한 대본을 작성하느라 시간과 노력을 들이지 않아도 된다는 이점도 있다. 자동 생성된 자막을 손쉽게 편집할 수 있을 뿐만 아니라 제작하기에 앞서 계획함으로써 작업 부담을 덜 수 있고, 녹화하기 전에 대본을 작성할 수 있어 주제에서 벗어나지 않는 압축적인 영상을 만들 수 있다. 영상을 제작한 다음에는 사용한 원고에 링크를 걸어 대본으로 제공할 수도 있다.

---

### 구글 자막 도구 및 전략

유튜브에 내장된 도구 외에도 구글 도구를 사용해서 다양한 자막 작업을 할 수 있다.

- **구글 독스에서 음성-문자 변환하기** 구글 독스의 음성 인식 도구를 전략적으로 사용하면 영상 자막을 생성할 수 있다. '도구' 메뉴에서 '음성 입력'을 선택해 음성-문자 변환 기능을 켜고, 대본이 필요한 영상을 재생한다. 구글 독스가 영상을 듣고 문서에 전사할 것이다. 그런 다음 문서에서 잘못된 곳을 편집하면 된다. 이 기능을 사용하면 유튜브에서 자동으로 생성되는 편집 가능한 자막을 수정할 수도 있다.
- **구글 프레젠테이션의 실시간 자막** 구글 프레젠테이션은 실시간으로 자막을 자동 생성한다. '프레젠테이션 보기' 모드에서 하단에 있는 CC(자막 환경설정)자막 전환) 옵션을 클릭하고 텍스트 크기를 선택한다. 슬라이드를 사용해서 발표나 강의를 할 때 아주 유용하고 **놀라우리만치 정확**하다.
- **구글 미트의 실시간 자막** 구글 미트는 구글에서 제공하는 화상회의 도구로, 온라인 회의를 할 때 실시간 자막을 제공한다. 수업을 하거나 타인을 초대하여 회의를 할 때, 대화 내용을 자막으로 제공해야 할 경우 사용할 수 있다.

## 더 알면, 더 잘할 수 있다

이 장을 읽고 나서 여러분은 압도된 기분이 들 것이다. 내가 접근성에 대해 배웠을 때 바로 그런 느낌이었다. 그동안 만들었던 콘텐츠들이 모두 떠올랐는데, 그 콘텐츠들은 전부 접근성이 떨어지는 것들이었다. 즉시 전부 고치고 싶어졌는데, 그런 생각 때문에 스트레스와 불안을 느꼈다. 그 많은 걸 언제 다 고친단 말인가?

여러분도 이런 기분을 느낄지 모른다. 그렇다고 자신을 혹사시키지는 말자. 한꺼번에 모든 걸 바꿀 수는 없다. 앞으로 만들고 편집할 자료들에 초점을 맞추고 주의를 기울이며 천천히 나아가기를 권한다.

Maya Angelou ✓
@DrMayaAngelou

"아는 한에서 할 수 있는 만큼 하라.
더 알면, 더 잘할 수 있다."

#MayaAngelou

[그림 10.7] 시인 마야 안젤루 박사Dr. Maya Angelou가 한 말을 접근 가능한 디지털 콘텐츠를 만드는 일에 적용할 수 있다. 더 알면, 더 잘할 수 있다.

## 10장의 핵심 내용

이 장의 중요한 내용을 교육자 대상 국제교육기술협회 성취기준과 대응하여 제시하면 다음과 같다.

- 접근 가능한 콘텐츠란 대부분의 학생이 고유의 필요나 능력에 상관없이 즉시 참여할 수 있는 콘텐츠를 뜻한다. 반면 조정이란 지도를 하면서 학생 개개인에 맞게 고유한 방향으로 콘텐츠와 평가를 바꾸는 것으로, 사전에 수행될 수 없다. (교육자 2b)
- 교육자로서 우리는 학생들에게 전달하는 콘텐츠를 접근 가능하도록 만들 책임이 있다. 법적으로 그러한 의무가 있고, 그것이 학생들을 위한 일이기 때문이다. (교육자 2b, 2c)
- 접근 가능한 콘텐츠를 만들기 위해 고려해야 할 아홉 가지 요소는, 글 서식 설정, PDF 가독성, 색깔 사용, 애니메이션 및 시각 효과, 하이퍼링크, 이미지, 수식, 키보드 탐색, 영상 자막 및 대본이다. (교육자 2b, 5c)
- 지금까지 만든 모든 콘텐츠를 바르게 고칠 시간은 없겠지만, 앞으로 만들 모든 디지털 자료는 반드시 접근 가능하도록 만드는 데 집중하자. (교육자 2b, 2c, 5c)

## 더 생각해 보기

10장을 읽고, 자신의 수업에서 이 장의 아이디어를 어떻게 적용할 수 있을지 다음의 질문을 통해 생각해 보자.

- 여러분이 선택한 색상 조합은 얼마나 접근성이 있는가? 콘트라스트 체커를 사용해서 최근 발표 자료에 쓴 색깔이나 즐겨 쓰는 마이크로소프트 파워포인트 또는 구글 프레젠테이션 테마의 색깔을 점검해 보자.
- 수업에 사용했던 하이퍼링크 중 접근성이 있는 것과 없는 것은 각각 무엇인가? 어떻게 바꿀 수 있는가? 온라인에서 찾을 수 있는 예시로는 어떤 것들이 있는가?
- 학생들에게 자주 들어가게 하는 웹사이트나 여러분의 교실 웹사이트는 탐색 접근성이 얼마나 뛰어난가? 마우스나 트랙 패드를 사용하지 않고 페이지를 탐색할 수 있는가?
- 여러분은 학생들이 교실에서 무언가를 만들 때 접근성의 어떤 측면을 적절하게 가르칠 수 있는가?

여러분이 더 생각한 내용을 해시태그 #PerfectBlendBook을 달아 온라인에 공유하자.

# 첫걸음을 내딛고 앞으로 나아가기

**이 장의 목표**

- 블렌디드 학습을 향한 여정의 첫걸음을 준비한다.
- 블렌디드 학습을 어디에서 시작하면 좋을지 알게 된다.
- 시행착오를 최소화하고 결실을 최대화하기 위해 어디서 어떻게 지원받을 수 있는지 알게 된다.

## 첫걸음 내딛기

배경 지식은 충분히 쌓였다. 우리는 물리적인 교실과 디지털 교실 둘 다에서 블렌디드 학습을 이루는 요소들에 대해 알아보았다. 바라건대 여러분이 영감을 얻고, 고무되고, 더 많은 능력을 얻어서 여러분의 교실을 좀 더 학생 중심의 환경으로 전환하는 다음 단계로 나아갈 수 있게 된다면 좋겠다.

동시에 여러분은 완벽한 블렌디드 학습을 만들기 위해 취할 수 있는 모든 선택과 방법 앞에서 약간 압도된 기분도 들 것이다. 전혀 상관없다! 내가 한 경험을 비롯해 이 책에 제시된 모든 사례에는 한 가지 중요한 공통점이 있다. 모든 교실의 블렌디드 학습은 변화하며 발전한 결과라는 것이다. 우리 모두는 처음에 어디에서부턴가 시작했다.

내 경우 첫 시작은 사소했다. 1장에서는 블렌디드 학습에 처음 발끝을 담갔던 시작에 대해 이야기했다. 나는 읽기 개별 활동 하나를 온라인상으로 옮기는 일에서 시작했다. 그 사소한 변화가 파문을 일으켜 나를 여기까지 데리고 왔다. 그 첫걸음은 주목할 만큼 대단하지도 않았고 혁명적이지도 않았지만 중요했다. 첫걸음을 내딛으면 다음 걸음을 내딛는 일이 조금 더 쉬워진다. 그다음에는 또 한걸음을 내딛어 앞으로 나아갈 수 있다.

그래서 나는 여러분이 일단 첫걸음을 떼면 좋겠다. 디지털 수업 한 차시를 만들어 스테이션에 도입해 보면 어떨까? 어쩌면 수학 수업 한 주는 플레이리스트나 체크리스트를 만들어서 사용해 보고 싶을지도 모르겠다. 아니면 모둠 활동에 사용 가능한 자원을 활용하는 것으로 시작할 수도 있다. 무엇이 되었든 간에 그 첫걸음을 내딛자. 그런 다음에 그 경험을 통해 배우자. 백이면 백, 계획한 대로 완벽하게 흘러가지는 않겠지만, 그래도 괜찮다. 배움은 학생에게도 교사에게도 어수선한 것이다. 교실에 꼭 맞는 완벽한 블렌디드 학습을 찾아내는 과정에는 교실의 고유한 특성으로 인해 갑자기 튀어나오는 예견된 위험과 반복이 있을 수밖에 없다.

러시아 소설가이자 시인인 이반 투르게네프Ivan Turgenev의 명언은 우리가 깊이 새겨들을 만하다. "완벽하게 모든 것이 준비될 때까지 기다린다면, 결코 시작하지 못할 것이다."(Turgenev, 1877)

## 지원을 받고 앞으로 나아가기

블렌디드 수업을 위한 여러분의 여정은 완벽하지 않을 것이고 여러 장애물을 만나겠지만 혼자 짊어질 필요는 없다. 작업을 공유할 수 있는 교육자들의 공동체를 적극적으로 찾아 나서기를 권한다. 운이 좋다면 함께 이 작업을 하려는 이들이 같은 학교에 있을지도 모른다. 같은 부서에, 같은 학년을 담당하는 교사 중에, 혹은 그냥 친근한 동료이면서 블렌디드 학습에 대한 교육적 기대를 가진 사람이 있을지도 모른다. 가능하다면 근무하는 학교에서 이러한 동료를 찾아보자. 디지털 자료를 개발하고 교실 구조를 바꾸는 일은 분명 가치 있는 경험이지만 노력이 많이 필요한 일이기도 하다. 작업의 부담을 다른 사람들과 함께 나눈다면 더 오래, 더 즐겁게 일할 수 있다.

처음 내 교실에 블렌디드 수업을 적용하기 시작했을 때 주로 혼자 설계를 했지만 이후 기회만 있으면 내가 속한 학년의 담당 선생님들과 같이 협업하여 수업을 하거나, 교육청의 자문위원과 아이디어를 공유하고 피드백을 받았다. 같이 하면 더 나았고, 결과적으로 작업 부담도 줄어들었다.

물리적인 공동체에서의 노력에도 불구하고 고립된 기분이 든다면 디지털 공동체를 물색해 보자. 여러분은 이 분야에서 혼자가 아니다. 블렌디드 수업에 관한 고민을 나눌 사람을 찾아보았지만 적절한 동료나 공동체를 찾지 못했다면 해시태그 #PerfectBlendBook을 달아 트위터, 인스타그램, 그 밖의 다른 소셜 미디어 플랫폼에 생각을 공유하고 다른 독자들과 연결을 시도해 보자. 나를 포함한 많은 사람이 여러분과 연결되기를 기다리고 있다. 이러한 플랫폼을 사용해서 개인적인 학습 네트워크를 키우고, 질문하고, 자원과 아이디어를 공유하며 영감을 얻어 보자. 여러분이 나에게 트윗을 보낸다면 나는 그 트윗에 기꺼이 응답할 것이다.

온라인으로든 대면으로든, 같은 마음을 가진 교육자들과 함께 작업하며 연결되는 일은 변화를 만들어 낸다. 함께한다면 새로운 것을 시도하면서 겪는 어려움을 최소화하고 교실에서의 효율성을 최대화할 수 있다.

## 완벽한 블렌디드 학습 설계

다른 사람들과 연결되고, 이 책에 소개된 자원과 예시들을 다시 살펴보고 사이트에 재방문하면서, 블렌디드 학습 경험은 여러분의 교실에 있는 학습자들만큼 고유해야 한다는 사실을 기억하자. 교사가 학생 중심의 학습 경험을 만드는 데 전념한다면, 블렌디드 학습 교실도 그 학습 경험들에 맞춰져야 한다.

내가 바라는 바는 여러분이 다른 교실의 블렌디드 학습 모형이나 사례를 완벽하게 따라 하는 것이 아니다. 그보다는 블렌디드 학습 경험의 요소 각각에 대해 고민하고, 맡은 학생들의 필요를 생각하며, 학생들로부터 직접 조언을 들으면서 고유한 경험을 창조해 내기 바란다. 그런 다음 성찰하고 수정해서 여러분과 학생들에게 잘 맞는 블렌디드 교실을 계속해서 만들어 나가자.

완벽한 블렌디드 학습 설계는 여러분이 그대로 따라 해야 하는 제조법이 아니다. 완벽한 블렌디드 학습 설계는 여러분과 여러분이 만나는 학생들에 맞게 처음부터 설계되는 것이다.

# 국제교육기술협회 성취기준 〈교육자용〉

## 실력을 갖춘 전문가

1. 학습자

교육자는 학생의 학습 능력을 향상시키기 위해 타인으로부터 배우고 함께 성장하며, 기술을 활용하는 검증된 교육적 실천을 탐색하면서 수행 능력을 지속적으로 개선한다.

a. 디지털 기술을 활용하는 교육 방법을 탐구하고 이를 적용한 전문적인 학습 목표를 설정하여 그 효과를 성찰한다.

b. 지역 및 국제 학습 네트워크에 창의적이고 적극적인 태도로 참여하면서 관심 분야를 탐색한다.

c. 학습 과학 분야의 연구 결과를 비롯하여, 학생의 학습 결과를 향상시키는 데 도움이 되는 최신 연구 동향을 파악한다.


2. 리더

교육자는 학생의 성취를 지원하고 교수·학습을 개선하기 위해 리더십을 발휘할 기회를 탐색한다.

a. 기술을 이용하여 학습에 자율권을 부여하기 위해 교육 관계자와 함께 비전을 공유·형성하고 발전시킨다.

b. 모든 학생의 다양한 요구를 충족시키기 위해 교육적 기술, 디지털 콘텐츠, 학습 기회를 동등하게 제공한다.

c. 학습 과정에서 새로운 디지털 자원과 도구를 확인, 탐색, 평가, 분류·배포, 적용하는 모범을 보인다.

## 3. 시민

교육자는 학생들이 디지털 세계에 긍정적으로 기여하고 책임 있게 참여하도록 격려한다.

a. 학습자가 긍정적이고 책임 있게 사회에 기여하는 경험을 만들 수 있도록 돕고, 온라인에서 사회적 관계를 형성하는 공감적 행동을 보여 준다.

b. 온라인 자료에 대한 호기심과 비판적 검토를 촉진하는 학습 문화를 형성하고 디지털 문해력과 미디어 유창성을 촉진한다.

c. 디지털 도구를 이용하고 지적 재산과 권리를 보호하며, 합법적·윤리적으로 안전하게 학생들을 지도한다.

d. 개인적인 자료와 디지털 정체성 관리에 모범을 보이고 장려하며, 학생의 개인 정보를 보호한다.

## 학습이 일어나게 하는 계기

## 4. 협력자

교육자는 수행에 필요한 자료와 아이디어를 발견·공유하고 개선하며, 문제를 해결하기 위해 동료 및 학생과 협력하는 데 시간을 할애한다.

a. 기술을 활용한 진정한 학습 경험을 만들어 내기 위해 동료와 협력하는 데 시간을 할애한다.

b. 새로운 디지털 자원을 발견하고 사용할 수 있도록 학생과 협력하고 함께 배우며, 기술적 문제를 진단하고 해결한다.

c. 지역적·국제적으로 다양한 전문가와 팀, 학생들과 가상으로 연계되도록 도움으로써, 학생들이 실제 세계의 학습 경험을 확장하기 위한 협력 도구를 마련한다.

d. 학생, 학부모, 동료와 소통할 때 문화적 역량을 보이며, 학생의 학습 과정에서 공동 협력자로서 상호작용한다.

## 5. 설계자

교육자는 학습자의 다양성에 맞추어, 실제적이고 학습자 주도적인 활동 및 환경을 설계한다.

a. 디지털 기술을 사용하여 독립적인 학습을 촉진하고 학습자의 특징과 필요에 적합한 학습 경험을 창조, 적용하고, 개인화한다.

b. 성취기준에 따라 학습 활동을 설계하고, 적극적이며 깊이 있는 학습을 극대화하기 위해 디지털 도구와 자료를 사용한다.

c. 학습을 지원하는 혁신적인 디지털 학습 환경을 만들기 위해 교수 설계 원리를 탐색하여 적용한다.

## 6. 촉진자

교육자는 디지털 기술을 활용한 학습을 촉진하여 학생을 대상으로 한 2016 국제교육기술협회 성취기준을 성취할 수 있도록 학생들을 지원한다.

a. 학생들이 자신의 학습 목표와 학습 결과에 주인 의식을 가지고 개별적으로 또는 그룹을 이루어 학습할 수 있는 문화를 증진한다.

b. 디지털 플랫폼, 가상 환경, 메이커스페이스나 실제 현장에서 이루어지는 디지털 기술 사용 및 학생의 학습 전략을 관리한다.

c. 문제를 쇄신하고 해결하기 위한 컴퓨팅 사고와 설계 과정을 통해 학생들이 도전하는 학습 기회를 만든다.

d. 생각, 지식, 연계를 나누기 위해 창의성과 창의적 표현을 장려하고 촉진한다.

## 7. 분석가

교육자는 데이터를 이해한 후 학생들을 지도하고 학생들의 학습 목표 달성을 지원한다.

a. 학생들의 역량을 입증할 수 있는 대안적인 방법을 제공하고, 디지털 기술

을 사용하여 스스로 학습을 성찰할 수 있게 한다.

b. 학습자의 요구를 충족시키며 적시에 피드백을 제공하고 안내하기 위해 다양한 형성평가와 총괄평가를 설계하고 이를 시행하기 위한 기술을 사용한다.

c. 평가 자료를 사용하여 학습의 진전 정도를 안내하고 학생, 부모, 교육 관계자와 소통하며 학생의 자기주도성을 키우기 위해 노력한다.

# 참고문헌

Allyn, P., & Burns, M. (2017). *Taming the wild text: Literacy strategies for today's reader.* Huntington Beach, CA: Shell Education.

Arnett, T. (2018, May 9). The secret element in blended learning [Blog post]. *Clayton Christensen Institute.* Retrieved from christenseninstitute.org/blog/ the-secret-element-in-blended-learning/?_sft_topics=personalized-blended-learning&sf_paged=2

Baker, K. (2019, March 10). Teaching (digital) literacy: Driving students to the intersection of reading, writing, & discussion [Blog post]. *Baker's BYOD: Documenting the integration of technology and therapy dogs in the high school English classroom.* Retrieved from kbakerbyodlit.blogspot.com/2019/03/teaching-digital-literacy-driving.html

Be Accessible. (n.d.). The movement: What is accessibility. Retrieved from beaccessible. org.nz/the-movement/what-is-accessibility

Bean, C. (2014). *The accidental instructional designer.* Alexandria, VA: American Society for Training & Development.

Beck, V. (2014). Testing a model to predict online cheating—Much ado about nothing. *Active Learning in Higher Education. 15*(1), 65–75.

Ben-Yehudah, G., & Eshet-Alkalai, Y. (2014, January). The inf luence of text annotation tools on print and digital reading comprehension. *Proceedings of the 9th Chais Conference for the Study of Innovation and Learning Technologies: Learning in the Technological Era.* Retrieved from researchgate.net/publication/312549391_Th e_influence_of_text_annotation_tools_on_print_and_digital_reading_comprehension

Bjerede, M. (2018, May 22). What counts as student agency? *Getting Smart.* Retrieved from gettingsmart.com/2018/05/what-counts-as-student-agency

Bray, B. (2019, August 16). Getting to know you with your learner profile. *Rethinking Learning.* Retrieved from barbarabray.net/2019/08/16/getting-to-know-you-with-your-learner-profile

Bray, B., & McClaskey, K. (2016). *How to personalize learning: A practical guide for getting started and going deeper.* Thousand Oaks, CA: Corwin.

Burgoon, J., Stoner, M., Bonita, J., & Dunbar, N. (2003, January). Trust and deception in mediated communication. *36th Hawaii International Conference on Systems Sciences*, 44a.

Clark, R. C., & Mayer, R. E. (2011). *E-learning and the science of instruction, 3rd edition*. San Francisco, CA: Pfeiffer.

Clayton Christensen Institute. (2019). Blended Learning Models. *Blended Learning Universe*. Retrieved from blendedlearning.org/models

Coiro, J. (2011, October 12). Predicting reading comprehension on the Internet: Contributions of off line reading skills, online reading skills, and prior knowledge. *Journal of Literacy Research*. Retrieved from journals.sagepub.com/doi/full/10.1177/1086296x11421979

Common Sense Media. (n.d.). Top tech for digital annotation. Retrieved from commonsense.org/education/top-picks/top-tech-for-digital-annotation

Cowan, N. (2010, February 1). The magical mystery four: How is working memory capacity limited, and why? *Current Directions in Psychological Science, 19*(1), 51–57. Retrieved from ncbi.nlm.nih.gov/pmc/articles/PMC2864034

Curts, E. (2016, May 16). Googlink: Creating interactive posters with Google Drawings [Blog post]. *Control Alt Achieve*. Retrieved from controlaltachieve.com/2016/05/googlink-google-drawings-thinglink.html

Everette, M. (2017, October 18). The hidden power of learning objectives [Blog post]. *Scholastic*. Retrieved from scholastic.com/teachers/blog-posts/meghan-everette/17-18/The-Hidden-Power-of-Learning-Objectives

Fried, R. (2005). *The game of school: Why we all play it, how it hurts kids, and what it will take to change it*. San Francisco, CA: Jossey-Bass.

Garrison, R., & Kanuka, H. (2004, February 13). Blended learning: Uncovering its transformative potential in higher education. *The Internet and Higher Education*, 7, 95–105.
Retrieved from click4it.org/images/5/58/Garrison,_Kanuka.pdf

Garrison, R., & Vaughan, H. (2008). *Blended learning in higher education: Framework, principles and guidelines*. San Francisco, CA: Jossey-Bass.

George, J., & Carlson, J. (1999, January). Group support systems and deceptive communication. *Speech presented at 32nd Hawaii International Conference on*

*System Sciences.*

Gerbic, P. (2006). On-campus students' learning in asynchronous environments. *Unpublished doctoral thesis*, Deakin University, Melbourne, Australia.

Gonzalez, J. (2017, June 11). How HyperDocs can transform your teaching. *Cult of Pedagogy.* Retrieved from cultofpedagogy.com/hyperdocs

Gonzalez, J. (2018, March 18). 12 ways to upgrade your classroom design. *Cult of Pedagogy.* Retrieved from cultofpedagogy.com/upgrade-classroom-design

Guo, P. J., Kim, J., & Rubin, R. (2014). How video production affects student engagement: An empirical study of MOOC videos. Retrieved from up.csail.mit.edu/other-pubs/las2014-pguo-engagement.pdf

Haile, T. (2014, March 9). What you think you know about the web is wrong. *Time Magazine.* Retrieved from time.com/12933/what-you-think-you-know-about-the-web-is-wrong

Hare, R. L., & Dillon, R. (2016). *The space: A guide for educators.* Irvine, CA: EdTechTeam Press.

Hendrick, K. (n.d.). IOA OERs. Retrieved from symbaloo.com/mix/oers5

Higgins, S., Kokotsaki, D., & Coe, R. (2012, July). The teaching and learning toolkit. Retrieved from lancsngf l.ac.uk/secondary/seniorleaders/download/file/SUTTONTRUST T&L toolkit July 2012.pdf

Horn, M., & Staker, H. (2015). *Blended: Using disruptive innovation to improve schools.* San Francisco, CA: Jossey-Bass.

Horton, W. (2011). *E-Learning by design.* San Francisco, CA: Pfeiffer.

Houdek, K. (2018, March). Efficient vs. effective environments: Testing the testing environment: Where students take a test can make a difference in their ability to perform. *Association for Middle Level Education.* Retrieved from amle.org/BrowsebyTopic/WhatsNew/WNDet/TabId/270/ArtMID/888/ArticleID/904/Efficient-vs-Effective-Environments-Testing-the-Testing-Environment.aspx

International Society for Technology in Education. (2017). *ISTE Standards for Educators.* Retrieved from iste.org/standards/for-educators

Iyengar, S., & Lepper, M. (2000, June 19). When choice is demotivating: Can one desire too much of a good thing? *Personality Processes and Individual Differences.* Retrieved from faculty.washington.edu/jdb/345/345 Articles/Iyengar %26 Lepper

(2000).pdf

Julian, S. (2018). Digital texts and reading strategies. *ACRL Tips and Trends: Instructional Technologies Committee*. Retrieved from acrl.ala.org/IS/wp-content/uploads/Tips-and-Trends-Sp18.pdf

Kaufman, G., & Flanagan, M. (2016, May). High-low split: Divergent cognitive construal levels triggered by digital and non-digital platforms. *CHI '16 Proceedings of the 2016 CHI Conference on Human Factors in Computing Systems*. Retrieved from dl.acm.org/citation.cfm?doid=2858036.2858550

Kelley, K., & Bonner, K. (2005). Digital text. Distance education and academic dishonesty: Faculty and administrator perception and responses. *Journal of Asynchronous Learning Network, 9*, 43–52.

Kish, M., & Kish, J. (2017, March 14). Blended learning student checklist [Blog post]. *DSD Professional Development*. Retrieved from dsdprofessionaldevelopment.com/blended-learning-blog/blended-learning-student-checklist

Kish, M., & Kish, J. (2017, May 11). Garage sale choice board activities [Blog post]. *DSD Professional Development*. Retrieved from dsdprofessionaldevelopment.com/blended-learning-blog/garage-sale-choice-board-activities

Konnikova, M. (2014, July 16). Being a better online reader. *The New Yorker*. Retrieved from newyorker.com/science/maria-konnikova/being-a–better-online-reader

Korbey, H. (2018, August 21). Digital text is changing how kids read—Just not in the way that you think. *Mindshift*. Retrieved from kqed.org/mindshift/49092/digital-text-is-changing-how-kids-read-just-not-in-the-way-that-you-think

Leap Innovations. (2019). Entrance tickets to drive learning plans. Retrieved from leapinnovations.org/resource/entrance-tickets-to-drive-learning-plans

Meacham, M. (2018, November 6). TMI! Cognitive overload and learning. *LearningToGo*. Retrieved from learningtogo.info/2018/11/tmi-cognitive-overload-and-learning-2

Miller, C. C., & Bosman, J. (2011, May 19). E-books outsell print books at Amazon. *New York Times*. Retrieved from nytimes.com/2011/05/20/technology/20amazon.html

Mochon, D. (2013). Single-option aversion. *Journal of Consumer Research. 40* (October), 555–566.

Moore, A. (2019). Interviewed by Michele Eaton.

Morris, S. (n.d.). Secondary (MS/HS) playlist. *Choice Boards and Playlists*. Retrieved from sites.google.com/rusdlearns.net/choice-boards-and-playlists/secondary-mshs-playlists?authuser=0

Mueller, D. (2019, March 4). Three ways to blend and personalize your classroom [Blog post]. *TeacherVision*. Retrieved from teachervision.com/blog/morning-announcements/three-ways-to-blend-and-personalize-your-classroom

Muhtaris, K., & Ziemke, K. (2015). *Amplify: Digital teaching and learning in the K–6 classroom*. Portsmouth, NH: Heinemann.

Nielsen, J. (1997, September 30). How users read on the web. *Nielsen Norman Group*. Retrieved from nngroup.com/articles/how-users-read-on-the-web

Olszewski-Kubilius, P. (2013, May 20). Setting the record straight on ability grouping. *Education Week*. Retrieved from edweek.org/tm/articles/2013/05/20/fp_olszewski.html

Patnoudes, E. (2017, November). 7 tips for redesigning your learning space. *EdTech Focus on K-12*. Retrieved from edtechmagazine.com/k12/article/2017/11/7-tips-redesigning-your-learning-space

Puzio, K., & Colby, G. (2010). The effects of within class grouping on reading achievement: A meta-analytic synthesis. *Society for Research on Educational Effectiveness*. Retrieved from eric.ed.gov/?id=ED514135

Reading Horizons. (2019). The Rotation Model. Retrieved from readinghorizons.com/literacy-articles/blended-reading-approach/models/rotation-model

Ross, B., Pechenkina, E., Aeschliman, C., & Chase, A. (2017, November 3). Print versus digital texts: Understanding the experimental research and challenging the dichotomies. *Research in Learning Technology*. Retrieved from journal.alt.ac.uk/index.php/rlt/article/view/1976/2193

Rowe, N. (2004). Cheating in online student assessment: Beyond plagiarism. *Online Journal of Distance Learning*. Retrieved from westga.edu/~distance/ojdla/summer72/rowe72.html

Scalzetti, C. (2019). Interviewed by Michele Eaton.

Schwartz, K. (2016, October 16). Strategies to help students 'go deep' when reading digitally. *Mindshift*. Retrieved from kqed.org/mindshift/46426/strategies-to-help-students-go-deep-when-reading-digitally

Scriven, M. (1991). *Evaluation thesaurus*. Newbury Park, CA: SAGE Publications, Inc.

Smekens, K. (2017, March 10). Maximize on-screen reading time. *Smekens Education Solutions*. Retrieved from smekenseducation.com/Maximize-On-Screen-Reading-Time.html

Smekens, K. (2019, March 1). Plan & ask text-dependent questions. *Smekens Education Solutions*. Retrieved from smekenseducation.com/Plan-Ask-TextDependent-Question0.html

Stacey, E., & Gerbic, P. (2008, January). Success factors for blended learning. Retrieved from researchgate.net/publication/228402600_Success_factors_for_blended_learning

Subrahmanyam, K., Michikyan, M., Clemmons, C., Carrillo, R., Uhls, Y., & Greenfield, P. (2013). Learning from paper, learning from screens: Impact of screen reading and multitasking conditions on reading and writing among college students. *International Journal of Cyber Behavior, Psychology and Learning, 3*(4), 1–27. Retrieved from pdfs.semanticscholar.org/b951/edbf5df08aa2366c575e246bc32ceae31044.pdf

Sweller, J. (1988, April). Cognitive load during problem solving: Effects on learning. *Cognitive Science: A Multidisciplinary Journal*. Retrieved from onlinelibrary.wiley.com/doi/abs/10.1207/s15516709cog1202_4

Taylor, M. (n.d.). Redundancy principle: Should you duplicate narrated text on-screen? *E-Learning Heroes*. Retrieved from community.articulate.com/articles/redundancy-principle-should-you-duplicate-narrated-text-on-screen

The Learning Accelerator. (n.d.). Lindsay High School. *Blended & personalized learning at work: See schools in action*. Retrieved from practices.learningaccelerator.org/see/lindsay-high-school

The Learning Accelerator. (n.d.). Pleasant View Elementary School. *Blended & personalized learning at work: See schools in action*. Retrieved from practices.learningaccelerator.org/see/pves

Turgenev, I. (2009). *Virgin soil* [1877]. Ithaca, NY: Cornell University Library.

University of Colorado. (2007). Module 3: Learning objectives. *Assessment & Instructional Alignment: An Online Tutorial for Faculty*. Retrieved from ucdenver.edu/faculty_staff/faculty/center-for-faculty-development/Documents/tutorials/Assessment/module3/index.htm

U.S. Department of Education. (n.d.). Protecting students with disabilities. *Office for Civil Rights*. Retrieved from www2.ed.gov/about/offices/list/ocr/504faq. html?exp=0

U.S. Department of Justice Civil Rights Division. (n.d.). Information and technical assistance on the Americans with Disabilities Act. Retrieved from ada.gov

Walker, R. (2003, November 30). The guts of a new machine. *The New York Times Magazine*. Retrieved from nytimes.com/2003/11/30/magazine/the-guts-of-a-new-machine.html

WebAIM. (n.d.). Fonts. Retrieved from webaim.org/techniques/fonts

WebAIM. (n.d.). Web Content Accessibility Guidelines. Retrieved from webaim.org/standards/wcag

White, J. (2017, September 12). Figuring out f lexibility in an elementary classroom [Blog post]. *Clayton Christensen Institute*. Retrieved from christenseninstitute.org/blog/figuring-f lexibility-elementary-classroom

Wolf, M. (2018, August 25). Skim reading is the new normal. The effect on society is profound. *The Guardian*. Retrieved from theguardian.com/commentisfree/2018/aug/25/skim-reading-new-normal-maryanne-wolf

Wolf, M. (2019). *Reader, come home: The reading brain in a digital world*. New York City, NY: Harper Paperbacks.

Young, C. (2020). Interviewed by Michele Eaton.

# 찾아보기

## 국제교육기술협회 소개

국제교육기술협회International Society for Technology in Education, ISTE는 디지털 기술 사용을 촉진하여 교육에서 맞닥뜨리는 어려운 문제를 해결하고 교육 환경에 혁신을 일으키기 위해 전 세계 교육 공동체와 협력하는 비영리단체이다. 국제교육기술협회의 네트워크는 전 세계에 퍼져 있으며, 디지털 기술에 내재된 잠재력이 교육과 배움을 변화시킬 수 있다고 믿는다.

국제교육기술협회는 국제교육기술협회 성취기준을 통해 교육을 변화시키고자 하는 뚜렷한 목표를 설정하고 있다. 이 표준은 학생, 교육자, 행정가, 강사, 컴퓨터 과학 교육자들에게 제공되는 틀로, 교육에 대해 다시 생각하고 혁신적인 학습 환경을 창조할 수 있게 돕는다.

국제교육기술협회는 세계적으로 가장 영향력이 큰 교육공학 행사 중 하나인 연례 국제교육기술협회 콘퍼런스 및 엑스포ISTE Conference & Expo를 주관한다. 협회에서는 온라인 교육과정, 전문적인 네트워크, 연중 개최되는 학회, 동료 평가 학술지, 그 밖의 다른 출판물을 포함한 전문적인 교육 자료도 제공한다. 또한 국제교육기술협회는 교육공학과 관련된 책을 출판하기도 한다. 사이트 iste.org/books에서 국제교육기술협회가 출판한 도서를 볼 수 있으며, 사이트 iste.org를 통해 더 많은 정보를 얻거나 국제교육기술협회 회원으로 가입할 수 있다. 유튜브 채널을 구독하거나 트위터, 페이스북, 링크드인에서 국제교육기술협회 계정을 추가할 수도 있다.

# 지은이·옮긴이·감수자 소개

## 지은이

### 미셸 이턴Michele Eaton

미셸 이턴은 미국 인디애나주 인디애나폴리스 웨인 타운십의 메트로폴리탄 학군에서 가상 학습 및 블렌디드 학습 책임자로 일하고 있다. 인디애나주 아카이브가상교육협회Achieve Virtual Education Academy 소속 교사와 학생을 지원하고, 학군 내의 온라인 교육과정을 총괄하며, 다양한 블렌디드 학습 지도를 돕는다. 처음 교편을 잡은 것은 초등학교이지만, 이후에는 인디애나-퍼듀대학교 인디애나폴리스 캠퍼스Indiana University Purdue University Indianapolis: IUPUI의 온라인 석사 과정과 학부 과정에서 설계 기반 학습Learning by Design을 강의했다.

학생과 성인 모두를 위한 수준 높은 온라인 수업 및 블렌디드 학습에 열정을 가진 미셸 이턴은 교육공학 공인 지도자Certified Education Technology Leader: CETL 로서 IT 교육을 선도하는 에드스쿠프EdScoop와 열정적인 교육자 커뮤니티 학교 네트워킹컨소시엄 Consortium of School Networking: CoSN에서 선정하는 차세대 리더로도 꼽혔다. 또한 2018년에는 교육 전문 뉴스를 전달하는 〈에듀케이션 위크 Education Week〉의 '본받을 만한 리더'로 선정되었고, 2019년에는 국제교육기술협회의 '메이킹잇해픈Making IT Happen'을 수상하기도 했다.

미셸 이턴은 현재 국제교육기술협회 온라인 학습 및 블렌디드 학습 네트워크의 회장이며, 국제교육기술협회의 인디애나주 제휴 기관 '인디애나주 연결된 교육자들Indiana Connected Educators'의 학회장을 맡고 있다.

미셸 이턴의 트위터(@micheeaton) 또는 해시태그 #PerfectBlendBook을 통해 이 책과 관련한 더 많은 이야기를 만날 수 있다.

## 옮긴이

### 장은주

장은주는 성사중학교 국어 교사이자 경인교육대학교 교육대학원 강사다. 《슬기로운 미디어 생활: SNS에서 웹툰까지》(2018),《매체연구회 샘들의 생생한 미디어 수업 이야기》(2019)를 함께 지었고, 2015 개정 및 2022 개정 국어과 교육과정 개발의 공동 연구진으로 참여하였다. 〈국어 수업에서 '거꾸로 교실' 적용 방안 연구〉(2015),〈매체 문해력 교육 실행에 대한 고등학교 국어교사의 인식 연구〉(2022)를 발표하는 등 학교 미디어 교육, 국어과 교수·학습 방법에 관심을 갖고 있다.

### 김다솜

김다솜은 연세대학교 교육학과와 국어국문학과를 졸업하고 출판사에서 편집자로 일했다. 학교 현장에 관심과 애정을 갖고 틈틈이 시간 강사와 방과후학교 강사로 활동하며 아이들과 함께했다. 현재는 프리랜서 번역가로,《로빈 후드의 모험》을 비롯한 아이들 대상의 보드게임과 학교·교실에 관한 책을 번역하고 있다.

## 감수자

### 정현선

경인교육대학교 국어교육과 교수다. 미디어 리터러시, 디지털 리터러시, 디지털 페어런팅 등에 관심이 있다. 저서로는《시작하겠습니다, 디지털 육아: 아이와의 스마트폰 전쟁, 현명한 디지털 페어런팅이 답이다》,《국어 교육의 이해: 국어 교육의 미래를 모색하는 열여섯 가지 이야기》(공저),《온라인 수업의 모든 것: 온라인 수업 모델 개발부터 역동적 피드백까지!》(공저) 등이 있고, 번역서로는《리터러시의 진화: 비판적 미디어 교육을 위한 교실 수업 방법》,《디지털 네이티브 그들은 어떻게 배우는가》등이 있다.